SHODENSHA
SHINSHO

自民党の大罪

適菜 収

祥伝社新書

はじめに　昔の自民党と今の自民党

私の実家の近くに、かつてTというおいしい蕎麦屋《そば》があった。本当にすばらしい店だった。

そこから車で一〇分ほど離れた場所に、Tの店主の弟が出した支店があったが、本店とはまったく別物のまずい蕎麦屋だった。

知人が支店によく行くと言うので、私が「本店と支店では比べ物にならない」と言うと、彼は「同じ店名なんだから同じ蕎麦でしょう」と答えた。

完全に別物でも、同じ看板を掲げていれば同じだと思う人は、世の中には多い。

某所にとんかつの名店があった。

私はそこのとんかつが好きだったので、よく通っていた。

あるとき、いつもの職人（七〇代）ではなく、普段、奥でキャベツを切っている黒ぶちの眼鏡をかけた陰気な男（五〇代）がとんかつを揚げていた。初めて見る光景であり、私は動揺した。

出てきたとんかつは別物だった。

油のキレも悪く、素人レベル。

その後、七〇代の職人は亡くなったと聞いた。

二度ほど味をたしかめに行ったが、完全にダメになっていた。

黒ぶち眼鏡の男には、これまでとんかつの揚げ方を学ぶ機会はたくさんあったはずだ。天才的な職人が横で仕事をしていたのだから。しかし、経営者の息子なので、キャベツを切るだけで安定した収入を得ることができたのだろう。それが彼をスポイルした。

いわゆる老舗《しにせ》は、代替わりの際の危機を回避する仕組みを持っている。代替わりのたびに味が変わっていたら話にならないので、手間暇をかけて後継に技を伝える。逆に言えば、組織を維持するためのノウハウを持っているからこそ老舗といえるのだ。

二代目、三代目のアホのボンボンが、老舗としての責任を全うすることができず、勝手に味を変えてしまったり、財テクをはじめたりして失敗する例は日本全国にたくさんある。

その最大のものが自民党だろう。

かつての自民党と現在の自民党はまったく別物である。看板が同じというだけで、内容はまったく異なる。

では、自民党はいつ変わったのか？

平成元（一九八九）年である。

よって本書では、平成元年に何が発生し、それ以降、自民党が劣化し、日本が三流国に転落していく経緯を示す。その際、個別の政治家を描写することにより、自民党の本質を炙《あぶ》り出すという手法をとった。

本書では自民党の大罪を白日《はくじつ》の下《もと》に晒《さら》す。

なお、人物の肩書は当時のものに統一、敬称は省略した。引用においては適宜ふり仮名を加除し、〔 〕により補完した。

適菜 収

目次——自民党の大罪

第二章　自民党を壊した戦犯

第三章

自民党という粗忽長屋

第四章　自民党の大罪

第五章　バカ六〇連発

写真：22ページ（ロイター／アフロ）、33ページ（ロイター／アフロ）、37ページ（Fujiifotos／アフロ）、44ページ（ロイター／アフロ）、65ページ（ZUMA Press／アフロ）、74ページ（毎日新聞社／アフロ）、79ページ（AP／アフロ）、93ページ（Natsuki Sakai／アフロ）、99ページ（ロイター／アフロ）
本文DTP：アルファヴィル・デザイン

第一章

自民党劣化の原因

＊昔の自民党を知る政治家

三人の政治家の罪

平成元（一九八九）年以降、自民党は急速に劣化していった。

昔の自民党が素晴らしい政党だったなどと言うつもりはない。指摘したいのは、自民党が質的・内容的にまったく別の政党になってしまったことである。

その過程を見るときに、三人の政治家を観察するとわかりやすい。

小沢一郎《おざわいちろう》、小泉純一郎《こいずみじゅんいちろう》、安倍晋三《あべしんぞう》である。

小沢がまいた種を小泉が悪用し、安倍政権という究極の悪夢に行き着いた。そして、いかがわしい連中が国家の中枢を汚染し、破壊活動を行なってきた。

東京大学・東北大学名誉教授で、憲法学者の樋口陽一《ひぐちよういち》は《長らく自民党に投票してきた有権者たちが支持してきた自民党と、現在の政権与党は同じ政党なのか。ここが最も肝心な点です》と語る（「日刊ゲンダイ」二〇一六年六月一三日）。

《現政権（安倍政権）を「保守」と呼ぶ人が多いが、本来の意味での「保守」には三つの要素が不可欠です。第一は、人類社会の知の歴史遺産を前にした謙虚さです。第二は、国の内・外を問わず他者との関係で自らを律する品性。第三は、時間の経過と経験による成熟という価値を知るものの落ち着きです。私たちをいま取り巻いているのは、そのような「保守」とはあまりにも対照的な情景です》

謙虚さ、品性、成熟の対極にあるものが、今の自民党である。

自民党にはすでに保守的要素はない。現在の自民党は新自由主義勢力、財界、政商、カルト、反日勢力の複合体となっている。これについても、客観的に検証できる証拠を示しながら、これから述べていく。

福田赳夫《ふくだたけお》元首相の秘書で自民党党ＯＢの中原義正《なかはらよしまさ》もまた、《今の自民党はかつての自民党とは全く違う》と言う。

《とりわけ清和会（清和政策研究会）を潰さない限り、日本の再生はない》

《私は父である晋太郎《しんたろう》氏をよく知っているが、息子の晋三氏は中身が何もない。内政も外交も勉強していない。今のウクライナ紛争で、安倍元首相とロシアのプーチン大統領との関係があらためて取り沙汰されているが、おそらく安倍元首相はロシアの歴史や日ロ間のそれまでの協議など、基礎的な知識が何もなかったのだろう。だから、プーチン大統領に言われるままだった。いずれにしても、本来は政治家となるべき素養がない人物と言わざるを得ない》(「日刊ゲンダイ」二〇二二年四月一一日)。

では、なぜ自民党は「まったく違う」政党になってしまったのか?

保守思想を理解していた福田康夫

昔を知る自民党の政治家の多くは、今の自民党を否定的に見ている。そして嘆いている。

元総理大臣の福田康夫《やすお》は「国家の破滅が近い」と言った(「共同通信」二〇一七年八月二日)。

《各省庁の中堅以上の幹部は皆、官邸(の顔色)を見て仕事をしている》

《〔二〇一四年に発足した内閣人事局に関して〕政治家が人事をやってはいけない。安倍内閣最大の失敗だ》

《官邸の言うことを聞こうと、忖度《そんたく》以上のことをしようとして、すり寄る人もいる》

内閣人事局は官邸主導の人事を制度化するものだった。

官邸が官僚幹部の人事を握ったことにより、官僚は官邸の意向に反することはやりづらくなった。それどころか、官邸の意向を「忖度」し、先回りして動くことになる。そして今度はその類《たぐ》いの官僚がのし上がっていく。

安倍政権下では森友《もりとも》学園問題や「桜を見る会」問題を巡り、公文書の改竄《かいざん》や破棄が行なわれていたが、これに関して福田は次のように述べる（「文藝春秋」二〇二三年八月号）。

《まず最初に強調しておきたいのは、公文書は「国家の証《あか》し」そのものである、ということです。わが日本国がどのように成り立ち、国家の仕組みや制度がどんなふうに出来上がってきたのかを証明する大切な証拠なのです》

《ところが近年、公文書を政治家が「捏造《ねつぞう》」と決めつけるとか、官僚が改ざんをするといった、とんでもない事件が立て続けに起きた。（中略）これは「権力の行使」に大きな問題があると考えられます。さらには「政治主導」に起因する問題もあります》

これは高市早苗《たかいちさなえ》に対するジャブだろう。

《そもそも公文書を改ざんしようという発想自体が言語道断です。なぜ公文書を残すことに懸命になっているかといえば、これが日本国の証しだから。「これこれこうした議論を経て、こんな法体系を積み上げて、今のこの社会ができているんですよ」というプロセスを示すものであり、国際社会に向けて「日本はこうやってきた」と説明するための証拠品なんです。その証拠を改ざんしたり捨てるなんて、とんでもない》

公文書は国家の記憶である。

安倍政権下では省庁をまたがる形で、国家の根幹が破壊されてきた。財務省だけではない。南スーダンでの国連平和維持活動（ＰＫＯ）における防衛省の日報隠蔽《いんぺい》、裁量労働制における厚生労働省のデータ捏造……。政策立案などに使われる「基幹統計」もデタラメだった。

福田は続ける。

《私は、要は「権力の使い方」の問題だと思うんです。各省庁の幹部や大臣は権力者ですし、その大臣を束ねる総理大臣の権力は非常に大きいものになる。問題は、その権力者が「自分は大きな権力を持っている」と自覚しているかどうかです。権力というものは、使い方を間違えると、国家という城の石垣である公文書を壊したり置き換えたり、とんでもないインチキが始まってしまう》

だから本来の保守は権力を警戒する。人間理性を妄信していないので、権力の暴走を阻止する制度を重視する。現在の日本では権力に迎合するチンパンジーが保守を自称するようになっているが、政治家ですら、福田のように保守思想を理解している人は少なくなった。

福田は続ける。

《例えば二〇二一年、国土交通省の建設工事受注動態統計の数字を担当官が業者に無断で勝手に書き換えていた不正が発覚しました。厚生労働省の毎月勤労統計などでも不正がありました。よその国に「統計がいい加減だ」とケチをつける人がいますが、日本はそんなこと言えますか。実に恥ずかしいことです》

《内閣人事局ができたことにより、官邸が官僚の人事権を握り、官僚が萎縮《いしゆく》して何も言えなくなったとの批判があります。この構想は福田内閣の頃から議論が始まり、私も責任がないとは言えません。ただ、こんなに評判の悪い仕組みができあがるとは、当時は夢にも思っていなかったし、甘く考えていた。そこは忸怩《じくじ》たるものがあります》

《こうなった以上、政治家はもう、権力をフルに使うことは止めなければいけない。権力行使は、正しい政治のために必要最低限度にとどめるべきなのです。かつては役人の交代が早過ぎると思っていたが、せいぜい二年で交代すべき。長く要職に就く者がいると、そ

こに新しい権力構造ができてしまう。政策自体も歪《ゆが》んでくる》
そのとおりだ。
かつての自民党は、巨大な国民政党であり、多様な意見を吸収する包容力があった。派閥も機能していたので、党内における議論もあった。しかし、政治主導の名のもとに、権力の暴走を防ぐ制度を破壊していった結果、自民党は見事に壊れていった。問題はそこにどのような勢力が食い込んだのかである。

小沢一郎

「政治の壊し屋」

革命の火種を仕込んだ自民党

先述したように、自民党、そして日本が大きく傾き始めたのは平成元（一九八九）年である。

一月一日、総理大臣の竹下登《たけしたのぼる》が年頭記者会見で「政治改革元年」とする決意を表明。

一月一八日、自民党総裁直属機関「政治改革委員会」(会長・後藤田正晴《ごとうだまさはる》)初会合。
一月二七日、竹下の私的諮問機関「政治改革に関する有識者会議」が発足。
四月二七日、同会議が提言を竹下に提出。
五月二三日、自民党が「政治改革大綱」を党議決定。
六月三日、宇野宗佑《うのそうすけ》内閣発足。
六月二〇日、自民党が政治改革推進本部を設置。
八月一〇日、第一次海部俊樹《かいふとしき》内閣発足。
九月四日、日米構造協議開始。
一〇月二六日、第八次選挙審、第五回総会で中選挙区制廃止の方針を確認。
朝から晩まで、政界では改革、改革の大合唱である。
時代も大きく変化した。
一月七日、昭和天皇崩御《ほうぎよ》。
二月一三日、リクルート社前会長の江副浩正《えぞえひろまさ》が贈賄《ぞうわい》容疑で逮捕される。
六月四日、北京《ペキン》で天安門《てんあんもん》事件が発生。
一一月九日、ベルリンの壁崩壊。

一二月三日、アメリカのジョージ・H・W・ブッシュとソ連のミハイル・ゴルバチョフがマルタ島で会談し、冷戦の終結を宣言。

一二月二九日、東証の大納会で日経平均株価が史上最高値の三万八九一五円八七銭を記録。

当時私は中学生だったが、そのときの空気はよく覚えている。

誰もが浮かれ調子だった。

「世の中は簡単に変わるんだ」「これからは変化の時代だ」「古い時代は終わった」「乗り遅れるな」……こうして政権の中枢から、改革、革命という発想が飛び出してくるようになった。

改革に反対するのは人でなしみたいな空気が醸成《じょうせい》されていった。

それが、政治のありかたそのものを変えてしまう政治制度改革につながっていく。

小選挙区比例代表並立制が導入されたのは一九九四年の細川護熙《ほそかわもりひろ》政権下だが、その火種を仕込んだのは平成元（一九八九）年の自民党である。

五五年体制の終焉

自民党の中から「政治改革大綱」が出てきたのは、当時、政治とカネの問題が騒がれていたからだ。リクルート事件や佐川急便《さがわきゅうびん》事件により国民の政治不信が高まり、五五年体制を解体する動きが、自民党の中から出てくる。

ご存じのとおり、五五年体制とは一九五五（昭和三〇）年に成立した戦後日本の政党政治の構図のことである。一九五五年、左右両派に分裂していた日本社会党が統一され、自由党と日本民主党が合同して自由民主党が発足した。これにより国会の議席を自民党と社会党で分け合う二大政党制となった。結果、それは万年与党の自民党と万年野党の社会党という構図を生み出した。

海部内閣（第二次）と次の宮澤喜一《みやざわきいち》内閣は政治改革関連法案を提出したが、いずれも廃案に。こうした動きに反発した自民党議員が大量に離党する。

こうして誕生した新生党や新党さきがけ、そして細川率いる日本新党が躍進。日本社会党、公明党、民社党、社会民主連合、民主改革連合と組むことで、一九九三年八月九日に、八党連立の細川政権が誕生した。これをもって、五五年体制は終焉《しゅうえん》する。

この大きな動きの背後にいたのが小沢一郎である。

しかし、なにか変だと思わないだろうか？

小沢は自民党の金権政治の中心にいた人物である。朝日新聞の短文コラム「素粒子」は、経世会の幹部である金丸信《かねまるしん》、竹下登、小沢一郎の頭文字をとって「金竹小《コンチクショウ》」と連日のように書いていた。

にもかかわらず、小沢は「改革の旗手」として注目を集めるようになる。

まずは、このあたりの事情から見ていくことにする。

先述した「政治改革大綱」は後藤田正晴が会長の「政治改革委員会」が提出したものである。後藤田は小選挙区制導入論者であり、「大綱」でも「小選挙区制の導入を基本とした選挙制度の抜本改革」が唱えられた。

その過程で「政治とカネ」の問題が選挙制度の問題にすり替えられていく。

政治改革委員会の理屈はこうだ。

中選挙区制では派閥間の抗争があり、同じ選挙区で戦うこともあるので、選挙にカネがかかる。そのカネを集めるため、業界の利益を代弁する族議員が生まれ、利権体質が生まれる。だから、派閥と中選挙区制が悪いのだと。

小沢はここに目を付けた。制度を破壊すれば、明るい未来がやってくるという幻想を利用したわけだ。

メディアは大衆の熱狂に火をつけ、煽《あお》り続けた。その中で、放送法違反（偏向報道）が疑われたテレビ朝日の椿《つばき》事件も発生する。

細川政権発足後の一九九三年九月二一日、テレビ朝日の取締役報道局長だった椿貞良《さだよし》は、日本民間放送連盟（民放連）の会合で次のように発言。

「小沢一郎氏のけじめをことさらに追及する必要はない。今は自民党政権の存続を絶対に阻止して、何でもよいから反自民の連立政権を成立させる手助けになるような報道をしようではないか」「共産党に意見表明の機会を与えることは、かえってフェアネスではない」

テレビ朝日は、梶山静六《かじやませいろく》や佐藤孝行《さとうこうこう》を「悪代官」に仕立てあげ、印象操作を繰り返すことにより、自民党を追い込んでいく。

産経新聞のスクープにより、発言内容が明るみに出ると、椿は国会に証人喚問され、放送法で禁止されている偏向報道を行なった事実を認めた。その後、放送免許の取り消しが検討されたが、結局テレビ朝日は行政指導を受けるだけで逃げ切った。

小沢は改革に反対する勢力を「守旧派」と呼んで攻撃した。わかりやすい敵を設定し、自分たちは正義の味方を名乗るという手法は、その後、小泉政権や民主党政権、維新の会にも引き継がれていく。

余談だが、私が通っていた高校にAという社会科の教師（四〇代）がいた。私はもともとAが嫌いだったが、彼は毎回授業で細川を礼賛《らいさん》していた。中間テストか期末テストか忘れたが、日本新党や細川護熙という名前を書かせる試験問題があった。私はむかついたので、赤点にならない程度に解答欄を埋め、半分は白紙で出した。私が高校を卒業して数年後、Aが教え子の女子生徒に手を出し、別の高校に飛ばされたという話を聞いたが、それはともかく、地方の社会科教師が夢中になってしまうほど、改革への熱狂は猛威を振るったのである。

では、その結果、日本はどのような国になったのか？

『日本改造計画』は「日本破壊計画」だった

一九九三年に小沢がまとめた『日本改造計画』（講談社）は、小沢の考えをベースに、御厨《みくりや》貴《たかし》、飯尾《いいお》潤《じゅん》、伊藤元重《いとうもとしげ》、北岡伸一《きたおかしんいち》といった複数の学者が協力して書いたものだが、そこでは、新自由主義的な経済改革、貿易自由化の推進、首相官邸機能の強化、軍事も含めた積極的な国際貢献、政権交代のある二大政党制を可能とする政治改革（小選挙区制の導入）などが提唱されている。

小沢はこれらを「民主主義的革命」と呼んだ。

熟議や合意形成を重視した保守政治をぶち壊し、権力を集中させ、一気に日本を「改造」しようとしたわけだ。

同書で小沢はこう述べている。

《はっきりしない権力がだらだらと永続するのではなく、形のはっきりした権力が一定期間責任を持って政治を行う》《必要な権力を民主主義的に集中し、その権力をめぐっての競争を活性化する》

のちに菅直人《かんなおと》も安倍も同様の発言をしているが、「選挙を経て政権を得た以上、やりたいことをやる。文句があるなら次の選挙で落とせばいい」というわけだ。

一九九四年の小選挙区比例代表並立制の導入と政治資金規正法の改正で、わが国の運命はおおかた決まってしまった。小選挙区制は、二大政党制に近づく。死票が増え、小さな政党には不利に働く。政治家個人の資質より党のイメージ戦略が重要になるので、ポピュリズムが政界を汚染するようになった。また、政治資金規制法改正により、党中央にカネと権限が集中するようになる。こうして、ひたすら党に媚《こび》へつらう思考停止した議員が多くなっていく。下手に歯向かえば、小泉がやったように、次の選挙で公認をもらえないどころか、刺客《しかく》を送られる。

こうした状況下において、自民党は自浄能力を失っていく。

これは構造的な問題だ。かつての自民党には少数ながら、保守的な政治家も存在したが、「改革」の狂乱の中で、自民党の支持基盤も変質していった。

二〇二三（令和五）年、自民党の存立を揺るがすような大事件が発生した。安倍派を中心とする悪党たちが組織的に裏金をつくり、キックバックしていたのだ。収支報告書への記載もなかった。これはミスではなく、犯罪であり国家の私物化の一環である。結局、政治家が悪事に手を染めていたのではなく、悪党が政治に手を染めていたのだ。

小沢一郎（事務所）はツイッター（現X《エックス》）で《国民が物価高で苦しみ、人口減少で後数十年で国が滅びようというこの時に、利権作り・裏金作りに狂奔する自民党。そんな腐りきった政党に慣れてしまい選挙にさえいかない多くの人々。国が良くなる訳が無い。確実に滅びに向かっている。元凶は政治。問われているのは国民。目を覚まさなければならない》（二〇二三年一二月八日）とツイートしていたがまったくそのとおりである。

問われているのは国民だ。

近年の小沢の自民党批判は的確である。私もよくリツイートしている。しかし、最終的には信用してはならない人物だと思う。自民党および日本の政治の劣化の元凶は小沢にあるからだ。小沢は小泉政治を「ポピュリズムだ」と批判したが、そのポピュリズムを最大限に利用したのが小沢である。大衆のルサンチマンに火をつけ、その波に乗った。民主党政権を立ち上げたときも、官僚や公務員を悪玉に仕立て上げている。

「反官僚」「政治主導」「民意の利用」「政策決定の政府への一元化」といった日本を大きく傾かせた「改革」には、日本を破壊し、《普通の国》(『日本改造計画』)につくりかえる目的があった。

私が小沢一郎を信用しない理由

小沢には、日本および日本の歴史に対する怨念のようなものを感じる。

二〇二三年七月一五日、小沢は橋下徹《はしもととおる》の番組「NewsBAR橋下」に出演し、橋下に政治活動再開を呼びかけた。

「これだけリーダーシップを持った人が政治活動から身を引くのはよろしくない」

「維新をつくったわけですから、途中で投げ出してもらっちゃ僕は困ると思ってる」

橋下もまた日本および日本の歴史に対する怨念を隠しもしない人物だった。橋下が文楽や能、狂言などの伝統芸能に向けた強烈な悪意を思い出してほしい。

安倍政権や維新の会という惨事も、新自由主義思想に貫かれた『日本改造計画』の延長線上にある。

細川も小沢に担《かつ》がれた手合いだ。

細川は朝日新聞記者を経て、自民党議員に。その後、熊本県知事に転じ、退任後の一九九二年、日本新党を結成。新生党代表幹事の小沢に担がれ、八党派連立政権で首相になった。こうして五五年体制は崩壊したが、密室政治を批判した細川政権では密室政治が継続された。細川は小沢に唆《そそのか》されて深夜に国民福祉税構想を発表。金権政治を批判しながら佐川急便借入金未返済疑惑（一億円借り入れ事件）も発覚。返済の証拠として宛名も判《はん》子《こ》もない市販の領収書を国会に出していた。「責任ある変革」を唱えながら、やることなすこと無責任。最後には突如政権を放り投げた。

一連の政治制度改革、つまり小選挙区比例代表並立制の導入、政治家個人への献金の規制を強化した政治資金制度改革、公費による政党助成金制度の導入は、細川と自民党総裁だった河野洋平《こうのようへい》とのトップ会談で自民党案を丸吞みする形で修正合意した。これに関し、細川も河野も周辺にいた政治学者の佐々木毅《ささきたけし》も後に反省の弁を述べたが、小沢だけは開き直っている。小沢は「政界の壊し屋」と呼ばれたが、同時に「政治の壊し屋」でもあった。

スタンドプレーの達人
橋本龍太郎

失われた三〇年

小泉の話に行く前に、橋本龍太郎《はしもとりゅうたろう》の話をしておく。なぜなら、小泉的な政治の下地をつくったのが橋本だからだ。橋本は極端な改革路線を空気に乗る形で推し進めていった。いかがわしい学者連中をそろえ、自分のやり方にお墨付きを与え、あとには引けないような状況をつくりだす手法を繰り返していく。

平成元（一九八九）年、橋本は宇野宗佑内閣で幹事長に昇格。リクルート事件や宇野の女性スキャンダルにより、同年七月の参院選で自民党は惨敗する。橋本は後継候補に浮上するが、結局、海部俊樹が総理になった。

同年八月、第一次海部内閣で大蔵大臣に就任。

その後、自民党が下野《げや》しているときは、河野総裁のもとで政務調査会長に就任。与党復帰後は、自社さ連立政権の村山富市《むらやまとみいち》内閣で通商産業大臣に就任した。

一九九五年九月、自民党総裁選に出馬。小泉を下し、自民党総裁に。

一九九六年一月、村山の総理辞任に伴い、首相に就任、自社さ連立による第一次橋本内閣が発足した。

施政方針演説では改革の必要性を強調し、「強靭《きようじん》な日本経済の再建」「長寿社会の建設」「自立的外交」「行財政改革」の四つを最重要課題として挙げた。

橋本は、世論を利用しながら、公共事業のコスト縮減などを進めていく。また、目立ちたがり屋でお調子者の橋本はスタンドプレーを繰り返した。

『平成デモクラシー史』（清水真人、ちくま新書）によると、米軍普天間《ふてんま》基地の返還合意には裏事情があった。

一九九六年四月一二日、橋本は駐日米大使ウォルター・モンデールを伴って、官邸で記者会見を行ない、基地返還を発表した。橋本は外務省や防衛庁を差し置き、自らがトップダウンで直接交渉を重ねて実現したという芝居を打ったが、実際はサンタモニカ会談（一九九六年二月二三日）直後から、水面下で日米間の協議が行なわれており、米国防長官ウィリアム・ペリーの決断を経て、同年三月後半には基本合意していたという。

要するに、橋本は外務省の仕事の成果をかすめとり、「オレはすごい」とアピールしたわけだ。

この演出により、橋本政権の支持率は急上昇する。

一九九六年一一月、第二次橋本内閣が発足。

橋本は「行政改革」「財政構造改革」「経済構造改革」「金融システム改革」「社会保障構造改革」「教育改革」の六大改革を提唱。これは与党内で議論されたものではなく、橋本が独断で打ち出したものだった。とくに行政改革は「火だるまになってもやり切る」と発言。その後実際、日本は火だるまになっていく。

劇場型政治とワイドショー

橋本は、首相直属の「行政改革会議」を設置。財界人や学者をメンバーにして、官僚や官僚出身者を排除した。これも内閣の政令だけで新設したものだった。

省庁の数を半分にする省庁再編、大蔵省の名称変更や金融業務の切り離し、首相権限強化を伴う内閣機能の見直し、郵政三事業の一体公社化、公務員定数の一割削減などを「行政改革会議」において決定。

この流れが、一九九八年に成立した中央省庁等改革基本法につながっていく。

こうして見ればわかるように、橋本政権下では、内閣・官邸の権限がますます強くなっていった。

橋本内閣は官僚人事の掌握を進めていく。各大臣が持つ幹部の任免権は残すが、発令前に人事案を内閣官房に報告し、正副官房長官で構成する「閣議人事検討会議」が事前に審査するシステムに変更した。この仕組みは二〇〇八年の福田政権で法制化されたが、基本法の具体化は先送りになり、二〇一四年四月一一日、第二次安倍政権下で正式に決まった。

なお、自民党が引き起こした数々の事件は、権力の集中と官僚の忖度という構図において発生している。

一九九七年四月、消費税率が五％に引き上げられ、この翌年から、日本は長期デフレーションに突入した。

橋本は内閣官房副長官の与謝野馨《よさのかおる》らを使って財政構造改革を断行。

一九九七年一一月に財政構造改革法を成立させ、二〇〇三年度まで赤字国債発行を毎年度削減する等の財政再建路線をとった。

官邸内には「財政構造改革会議」を設置。

公共事業の削減や社会保障費や防衛費の歳出抑制を行なった。

これで景気は完全に悪化。

北海道拓殖《たくしょく》銀行、山一證券《やまいちしょうけん》が破綻《はたん》。橋本の金融システム改革に伴う金融ビッグバンへの批判が相次いだ。一九九八年、身動きができなくなった橋本は、減税と財政構造改革法の改正を表明するが、すでに手遅れ。

その後も景気の低迷、失業率の増加、橋本や閣僚の恒久減税に関する発言の迷走が続き、一九九八年七月三〇日、橋本内閣は総辞職した。

橋本は自分がやったことをどのように総括したのか？

二〇〇一年の総裁選に出馬した際には、経済の実態を把握しないまま消費税増税に踏み切り、日本を不況に陥らせたことを謝罪。

《私は平成九年から一〇年にかけて緊縮財政をやり、国民に迷惑をかけた。私の友人も自殺した。本当に国民に申し訳なかった。これを深くおわびしたい》《財政再建のタイミングを早まって経済低迷をもたらした》と発言している（「産経ニュース」二〇一三年一〇月三日）。

反省するだけマシとも言えるが、手遅れになったあとで反省しても意味がない。橋本の「改革」の手法はその後も自民党内で繰り返され、日本は三流国に転落した。

議会主義を「ぶっ壊した」小泉純一郎

小泉の〝犯罪〟

ここまで見てきたように、自民党は党中央に権力を集中させ、官邸の権限を強化させてきたが、その流れを加速させ、自民党をかつての自民党と完全に異なる政党につくりかえたのが小泉政権である。小泉は「自民党をぶっ壊す」と言ったが、自民党だけではなく議会主義も政治のプロセスもぶっ壊した。

二〇〇五年、郵政民営化関連法案が参議院で否決されると、小泉は「郵政民営化に賛成してくれるのか、反対するのか、これをはっきりと国民の皆様に問いたい」と言い、衆議院を解散した。政治家の判断を無視し、世論に判断を委ねたわけだ。これは議会主義の否定である。

さらに小泉は、党内で辛うじて生き延びていた少数の〝保守派〟に「抵抗勢力」とレッテルを貼り、公認を拒み、「刺客」を選挙区に送り込んだ。一方、いわゆる「小泉チルドレン」には大量の選挙資金が流し込まれ、発言から服装に至るまで党により一元管理された。

こうして自民党から保守は消え、新自由主義路線が強化されていく。

自民党は国民の声を汲《く》み上げるシステムを失い、マーケティング選挙による集票を基盤とする、いかがわしい都市型政党になった。

そもそも、小泉は小選挙区制に反対していた人物である。党執行部に権力が集中したら危険であると問題点を正確に見抜いておきながら、その「問題点」を最大限に利用して日本を破壊した。

小泉の目的はアメリカの要望通りに日本を改造することだった。

これは私の見解ではなくて、単なる事実である。

二〇〇一年六月三〇日、小泉はジョージ・W・ブッシュとの対談後に次のように発言している。

「『No pain, no gain』という言葉があるが、その痛みを伴うことを恐れて改革を躊躇《ちゆうちよ》することは自分はない。あえて痛みは覚悟するが、痛みの対策は十分考慮するつもりである。そして、米側があやれ、こうやれともし言ったとしても、自分は別に不快感は感じない」

「日本は、外圧によって今まで改革をしてきた」

「第二次世界大戦も米国に対して反発して戦争を起こした。戦争が終わり、日本国民は米国が征服者としてやって来る、自分達はことによると奴隷にされてしまうのではないかと恐れた。結果的には、どうか。寧《むし》ろ、米国は勝者として寛大な解放者として振る舞った」「従って、米国は経済問題や社会問題について日本に対してああした方が良いということがあれば遠慮なく言って欲しい」

それが構造改革である。

また、小泉はアメリカのガセ情報を鵜呑《うの》みにして米英によるイラク侵略に真っ先に追従。

二〇〇四年一〇月一八日、国会で「これは、累次の国連決議に基づいて、大量破壊兵器は保有していない、廃棄したということをイラクが証明する責任があったんです。それを証明しなかった。最後の解決の手段を生かそうとしなかったんです。そして、そのような国連の決議に従って、もし、ないと証明していれば、戦争は起こらなかったんです。累次の国連決議を遵守してこなかったイラク、そういうことから見れば、大量破壊兵器はかつて保有して使用していた事実もありますし、私は、持っていると想定するに足る理由があったと思います」と発言。

バカにも限度がある。

これは「悪魔の証明」問題であり、挙証責任は当然イラクにはない。

アメリカの最終報告書は、イラクに大量破壊兵器は存在せず、具体的な開発計画もなかったことを明らかにしている。ブッシュは「私の政権の期間中、最も遺憾だったのが、イラクの大量破壊兵器に関する情報活動の失敗だった」と認め、コリン・パウエル国務長官は「騙《だま》された」と述べている。

イギリスの独立調査委員会は、トニー・ブレア政権がサダム・フセインの脅威を過剰に表現し、準備不足の英軍部隊を戦地に送り出し、戦後の計画は「まったく不十分だった」という見解を発表。ブレアもまた「開戦当時の情報分析は、結果的に誤っていた」と認めた。

なお、この小泉のデタラメな判断を「妥当」とした（二〇一六年七月七日）のが、ボンクラが集結した安倍政権である。

小泉政権は二〇〇四〜二〇〇六年、イラク復興支援特別措置法に基づいてイラク南部のサマワに陸上自衛隊を派遣。小泉は国会で、自衛隊の活動は「非戦闘地域に限る」と明言。イラクでの活動が、憲法が禁じる「他国軍の武力行使との一体化」ととられないよう「自衛隊の派遣地域は非戦闘地域」などと答弁し、野党や世論の反対を押し切って派遣を強行。しかし、政府が「ない」と説明していた自衛隊のイラク派遣の際の活動報告（日報）が見つかり、そこに「戦闘」という文言が複数箇所記されていたことが判明する（二〇一八年四月二日）。要するに、小泉は国民を騙していたのだ。

新自由主義路線の強化

「聖域なき構造改革」を唱えた小泉はあらゆる卑怯な手を使った。自作自演のタウンミーティングを繰り返し、プロパガンダとマーケティングの手法を露骨な形で政治に取り込んだ。これにより、自民党の支持層自体が変わっていく。また、政治もこうした支持層のニーズに答えるように変化した。

自民党と内閣府が広告会社「スリード」に作らせた企画書は、国民をA層、B層、C層、D層に分類し、「構造改革に肯定的でかつIQが低い層」「具体的なことはよくわからないが小泉純一郎のキャラクターを支持する層」「主婦や老人、低学歴の若者」をB層と規定している。

要するに単なるバカではなく、構造改革に疑問を持たずに流されていくような人たちだ。企画書は、彼らをターゲットに世論誘導を行なう戦略を描いている。

企画書には大きな文字で「B層にフォーカスした、徹底したラーニングプロモーションが必要と考える」と書いてある。つまり小泉構造改革を実現するには、B層に狙いをしぼり、彼らを「学習」させるための「宣伝戦略」が必要であると。計画は行動に移された。評論家やジャーナリスト、タレントといった「第三者の発言」を利用しながら、B層を「教育」する。そしてそこにカネが流される。

二〇〇五年の郵政選挙ではこのB層に向けて「改革なくして成長なし」「聖域なき構造改革」といった小泉のワンフレーズ・ポリティクスが集中的にぶつけられた。「郵政民営化に賛成か反対か」「改革派か抵抗勢力か」と問題を極度に単純化し、普段モノを考えていない人たちの票を集めたわけだ。

小泉の郵政民営化は、政敵である郵政族に対する攻撃の側面や、ゆうちょと簡保の民営化を要求してきたアメリカの思惑という側面もあるが、こうして広告会社やメディアと結託し、世の中に一定数存在する情報弱者を騙すことで、国を動かしていく勢力が、国家の中枢を蝕《むしば》むようになった。

グローバル資本にとっては、国家の権限は障壁でしかない。よって、その下請けの連中が、アメリカ隷属路線、構造改革路線をとるようになったのは当然の帰結である。国力の低下、公共の崩壊、ナショナリズムの衰退といった現在あらわれている現象は、自民党の劣化に原因がある。

安倍晋三

究極の国賊・売国奴

アメリカ属国化への道

これはネットで見かけた小噺《こばなし》。

アメリカ人の親子がいた。息子が「どうして日本人はアメリカの大統領選挙にこんなに夢中になるの?」と聞くので、父親が答えた。「日本のトップを決める選挙だからだよ」

もちろん、戦後日本はアメリカの支配下にあるが、平成初頭以降、完全な隷属路線を突き進むようになった。新自由主義はわが国において構造改革という形で暴走したが、「官から民へ」「自助」のような話も全部この延長線上にある。

アメリカはイギリスから自由を求めて渡ってきたピューリタンの国なので、自由を神格化することが保守になる。そこでは、個人の自由に介入するものは悪とされ、極端な個人主義が発生する。政府の干渉を嫌うので、小さな政府を唱えるのが保守になる。

冷戦におけるアメリカの軍事的勝利をイデオロギー的な勝利と混同した頭の悪い人たちは、極めて特殊なアメリカの保守観をそのまま受け入れ、政財官に食い込んでいった。

現在わが国で発生している思想的倒錯《とうさく》の理由はここにある。

連中はアメリカ覇権主義に尻尾《しっぽ》を振り、構造改革路線を突き進み、ドツボにはまった。こうして、国家の破壊者が自民党に巣くうようになった。

安倍と周辺一味がやってきたことは、権力の集中により政治を私物化し、アメリカおよび財界の奴隷になることだった。トランプが横田《よこた》基地から入国しても文句のひとつも言わない。米軍人はパスポートも必要ない。要するに治外法権である。安倍は国会答弁で「日米地位協定は運用改善だけで十分。改定は必要ない」という立場を取り続けた。

アメリカに主権を委ねている国が主体的な判断を下せるわけがない。

黙ってアメリカに従うことがリアリズムだと勘違いしている精神の奴隷に支えられ、安倍と周辺一味は権力の甘い汁を吸ってきた。アメリカからガラクタの武器を押し付けられても全力で尻尾を振る。自分の財布が痛むわけではないからだ。

彼らには最初から「日本」など眼中にない。いみじくも安倍がウォール街の証券取引所で宣言したように「国境や国籍にこだわる時代は過ぎ去った」のである。

安倍は歴史を知らず、日本語すらまともに使うことができなかった。

《ポツダム宣言というのは、米国が原子爆弾を二発も落として日本に大変な惨状を与えたあと、「どうだ」とばかり叩きつけたものです》（「Voice」二〇〇五年七月号）という言葉も残っているが、ポツダム宣言が発せられたのは一九四五年七月二六日、原爆投下は八月六日と九日である。

これは単なる言い間違いや勘違いではない。敗戦の経緯を理解していれば、このような発言が出てくるわけがない。このレベルの人物が「戦後レジームからの脱却」を唱えていたのも笑止だが、結局、安倍がやったのは「戦後レジームの固定化」とアメリカ隷属路線の強化である。

この類いの連中にとって、歴史とは都合が悪くなれば修正、改竄するものであり、宗主国のアメリカ様の機嫌を損ねないことだけが最重要課題なのである。

バカが総理大臣になる時代

安倍という戦後日本社会の腐敗と混乱が生み出した究極の売国奴《ばいこくど》について考えるときに、「ネトウヨ」というスラングを持ち出すとわかりやすい。ネトウヨとはインターネットの「ネット」と「右翼」を合わせた造語だが、連中は右翼思想を理解しているわけでも、右翼の文献を読んでいるわけでもない。現実を直視する勇気がないので、メディアから与えられたテンプレートをオウムのように繰り返し、あらかじめ用意された「敵」をひたすら叩くことで充足している情報弱者である。私はネトウヨを「ネット上にウヨウヨいる情報弱者の略、要するにバカ」と暫定的に定義しておいた。

以前、ジャーナリストの上丸洋一《じょうまるよういち》が『「諸君!」「正論」の研究——保守言論はどう変容してきたか』(岩波書店)という本で、安倍の政治観は自称保守向け月刊誌「諸君!」や「正論」から適当にトピックを拾い集めたものにすぎないという趣旨の指摘をしていたが、安倍は典型的なネトウヨである。私は長年にわたり安倍を観察してきたが、保守思想や右翼思想を理解していた形跡はない。

ではなぜメディアは安倍を保守だと誤認したのか？

安倍が初当選したのは一九九三年である。

同年八月一〇日、細川護熙が総理就任後初めての会見で、「私自身は侵略戦争であった、間違った戦争であったというふうに認識しております」と発言。これに一部の政治家グループが反発。こうした状況の中で、安倍は朝日新聞や日教組などを罵《ののし》り、反左翼的なスタンスをとることで注目を集めていく。これが安倍の成功体験になった。

しかし、反左翼＝保守ではない。反左翼は反左翼にすぎない。

安倍自身もこう述べている。

《私が保守主義に傾いていったというのは、スタートは「保守主義」そのものに魅かれるというよりも、むしろ「進歩派」「革新」と呼ばれた人達のうさん臭さに反発したということでしかなかったわけです》（栗本慎一郎、安倍晋三、衛藤晟一『「保守革命」宣言――アンチ・リベラルへの選択』〈現代書林〉）

結局「反発したということでしかなかったわけ」である。

左翼が勘違いしているように、安倍は右翼でも国家主義者でもない。そもそも国家主義者が国土を放り投げたり、保護貿易を否定するわけがない。安倍がやったことは、アメリカの命令通りに「国のかたち」を変えることであり、そのおこぼれに与《あずか》ることである。

安倍の最大の特徴はその幼児性だと思う。

スペインの哲学者ホセ・オルテガ・イ・ガセットによる以下の文章は、まるで安倍について述べたかのようである。

《わたしは、この危惧すべき下降傾向は、「慢心しきったお坊ちゃん」のこの上もない異常さのうちにありありとうかがえると思う。というのは、「慢心しきったお坊ちゃん」とは、自分の好き勝手なことをするために生まれてきた人間だからである。実は「良家の御曹子」はこうした錯覚にとらわれるものである。その理由は、すでに周知のごとく、家庭内においては、いっさいのものが、大罪までもが最終的にはなんの罰も受けずに終わってしまうからである。家庭という境界内は比較的不自然なもので、社会や街中でやったとすれば当然のことにただではすまされないような行為の多くが許されるのである。しかし、「お坊ちゃん」は、家の外でも家の内と同じようにふるまうことができると考えている人間であり、致命的で、取り返しがつかず、取り消しえないようなものは何もないと信じている人間である。だからこそ、自分の好き勝手にふるまえると信じているのである。なん

と大きな誤りであろうか》（『大衆の反逆』〈神吉敬三訳、ちくま学芸文庫〉）

安倍は言う。「私は総理大臣としてありえないとこう言っているんですから。間違いありませんよ」「私は総理大臣ですから、森羅万象すべて担当しておりますので」……。甘やかされて育ち、幼児的万能感に満ち溢《あふ》れ、《致命的で、取り返しがつかず、取り消しえないようなものは何もないと信じている人間》《自分の好き勝手にふるまえると信じている》人間、それこそが、安倍という人物だった。

内閣人事局と人治国家化

政治制度の破壊、劣化の帰結として、安倍政権は誕生した。

安倍は国会で「私は立法府の長」と四回も言ったバカだが、半分本気だった可能性もある。実際、司法府も狙われたのだ。安倍は政権からの独立性が求められる機関を次々と支配下に置いていった。日銀、最高裁判事、ＮＨＫ会長の人事……。検察庁の人事にまで介入しようとしていた。

安倍は改憲による一院制の導入を唱えていたが、権力の集中により、国家を改造するという発想は、人治国家そのものだ。

さらに安倍は解散、総選挙を利用することで権力を集中させる。

《党内でも予想されない時期に断行された衆院解散は「今度はいつ解散があるか分からない」という予測不可能な状態を作り出した。次の選挙でも再選を目指す議員らは、党の公認を得られなければ自らの再選が危うくなる。公認権を党執行部に握られた上、いつ選挙があるか分からない状況に置かれ、党内から政権に対する批判的な声はほとんど出なくなった》（川上高志『検証　政治改革――なぜ劣化を招いたのか』〈岩波新書〉）

《安倍は小刻みな解散戦略によって、選挙で得た「民意」を背景に国民の中に反対意見が強い政策を推し進めた。しかし、この間の選挙で示された「民意」が、実は低い投票率の中での多数派でしかなかったことに留意すべきだ。棄権した人も含めた全有権者に占める自民党の「絶対得票率」は、安倍政権の五回の衆参の国政選挙を通じて二〇％前後しかない。この選挙結果が多くの国民の意思を代表していると言えるのかは疑わしい。自民党の「圧勝」は低投票率の下、衆院の小選挙区制や参院の選挙区制の仕組みで得票率よりも議席占有率が拡大されるという効果によってもたらされたものだ》（同前）

イギリスの歴史家・思想家・政治家であるジョン・アクトンは「権力は腐敗する、絶対的権力は絶対的に腐敗する」と言った。安倍政権が絶対的に腐敗したのも、権力の集中、首相の権限強化といった自民党による「改革」の成果である。

構造改革とアメリカ隷属化

冷戦終結以降、自称保守系月刊誌に新自由主義と保守主義を混同するバカが集まったが、安倍がその類いの「言説」の影響を受けたのは想像に難くない。

「竹中《たけなか》（平蔵《へいぞう》）先生は愛国者」という安倍の言葉も残っているが、グローバリズム利権、構造改革利権を求めるハイエナ、そのおこぼれに与ろうとする貧相な言論人が自民党周辺を固めてきた。

二〇〇六年九月二六日、安倍は総理就任の記者会見で「はっきりと申し上げておきたい」と前置きした上で、小泉構造改革路線を「しっかり引き継ぎ」「むしろ加速させ」ると発言。

二〇一四年の世界経済フォーラム年次総会（ダボス会議）では、徹底的に日本の権益を破壊すると宣言。電力市場の完全自由化、医療の産業化、コメの減反の廃止、法人税率の引き下げ、雇用市場の改革、外国人労働者の受け入れ、会社法の改正などを並べ立て、「そのとき社会はあたかもリセット・ボタンを押したようになって、日本の景色は一変するでしょう」と言い放った。

実際、わが国が積み上げてきたものはリセット・ボタンを押したようになり、日本の景色は一変した。

二〇二三年九月、目を疑うような馬鹿なニュースがあった。

某ラノベ作家とその担当編集者が、妙ちくりんな新党を立ち上げた件。ラノベ作家いわく「安倍さんが亡くなってから、自民党の発言、動きを見ているともうダメだと。ほかに支持する政党がない。自分が立つしかない。立てるしかないと思った」とのこと。一体なんの冗談なのか？

あらゆる売国政策で国を破壊してきたのが安倍ではないか。

その担当編集者は「欧州で起きていることを見れば何が起きるかわかるはずだ。具体的な仕組みを作らないまま、単に人手不足だから外国人を入れようというのはいくらなんでもひどい」と述べていたが、世界各国の指導者が移民政策の失敗を認める中、全力で移民政策を推進したのが安倍だった。主に外国人技能実習制度などの拡大解釈により、受け入れのグレーゾーンを拡げるやり方だ。安倍一味による嘘、デマ、プロパガンダも実り、日本はすでに世界第四位の移民大国〈経済協力開発機構〈ＯＥＣＤ〉の二〇一九年の移民データベースによる）になっている。

北方領土交渉

元外務次官の竹内行夫《たけうちゆきお》は、著書『外交証言録　高度成長期からポスト冷戦期の外交・安全保障――国際秩序の担い手への道』（中北浩爾ほか編、岩波書店）で、ロシアとの北方領土交渉を巡り、安倍が「二島先行返還」にかじを切ったことについて《日本政府と国民に残された「負の遺産」》《国家主権を自ら放棄した歴史上初めての宰相》と批判している。

二〇一六年、安倍は日本側の巨額投資を中心とする「共同経済活動」案をロシアに提示。最初から主権問題を棚上げし、ロシア側を驚かせた。

要するに、自分が何をやっているのかを理解できない〝幼児〟が、上納金と一緒に国土をウラジーミル・プーチンに献上してしまったのだ。もはや売国奴ですらない。献国奴である。

安倍の最大の特徴はその場をごまかすために、根も葉もない嘘をつくことだった。生まれつきの虚言癖である。ロシア外交においてもプーチンに対し、「北方領土問題を解決した上で平和条約を締結するのが日本の原則」だと直接反論したとか、安倍は嘘をつきまくった。狡猾《こうかつ》なプーチンがこのチャンスを見逃すわけがない。バカが日本の総理大臣をやっているうちに、北方領土問題を一気に解決したのである。

二〇一八年一二月、プーチンは沖縄の基地問題を例に「日本にどのくらい主権があるのか分からない」と発言。わかりやすく言えば「お前らはアメリカの属国だろ」ということだ。

二〇一九年九月六日、プーチンは「(北方領土は)スターリンが全てを手に入れた。議論は終わりだ」と切り捨てた。

プーチンとは二七回も会談を行ない、そのたびに安倍は締まりのない笑顔をつくり、仰向けになって腹を見せ、醜態をさらした。

安倍には「国家」という前提がなかった。対米、対ロシア、対韓国、対中国、対北朝鮮……。すべての外交で失敗し、全方位売国路線を突き進んだこの国賊を、「外交の安倍」と礼賛したのが、腐り果てた周辺メディアと思考停止した大衆だった。

生涯を貫く虚言癖

SNSなどで「安倍が国会でついた嘘は一一八回」という投稿がいまだに目につくが、

ミスリードである。これはあくまでも「桜を見る会」前夜祭に関して衆院調査局が調べた結果、二〇一九年一一月～二〇二〇年三月の間に安倍が国会でついた嘘の数にすぎない。要するに、安倍が国会で垂れ流した膨大な数の嘘、デマのごく一部。氷山の一角である。

安倍は息をするように嘘をつく。

二〇一九年二月一三日、安倍は国会で「私が嘘を言うわけないじゃないですか」と発言。その発言自体が嘘である。

安倍は子どものときから嘘つきだった。安倍が小学生の頃、宿題の面倒を見ていた乳母《うば》が証言する。

《「宿題みんな済んだね?」と聞くと、晋ちゃんは「うん、済んだ」と言う。寝たあとに確かめると、ノートは真っ白。それでも次の日は「行ってきまーす」と元気よく家を出ます。それが安倍晋三でした》（野上忠興『安倍晋三 沈黙の仮面――その血脈と生い立ちの秘密』〈小学館〉）。

結局、安倍は精神的に成長することができなかったのだろう。

「対話による問題解決の試みは無に帰した」（二〇一七年九月二〇日）と断言しておきながら、「私は北朝鮮との対話を否定したことは一度もありません」（二〇一八年三月二六日）。

「拉致《らち》問題は私自身の責任で解決しなければいけないという強い使命感を持っている」（二〇一八年六月一六日）と言っておきながら、いつ解決するのかと聞かれると「拉致問題を解決できるのは安倍政権だけだと私が言ったことは、ございません」（同年九月一四日）。二〇一八年六月、米軍のF15戦闘機墜落に関し「飛行中止を申し出た」と、外交の場でも平気な顔で嘘をつく。

安全保障関連法案を正当化するために存立危機事態として挙げていた例も全部デタラメ。ホルムズ海峡に機雷がまかれたケースも日本人の親子が米艦艇で移送されるケースも、事実上撤回に追い込まれた。「憲法解釈の基本的論理はまったく変わっていない」「（アメリカの戦争に巻き込まれることは）絶対にあり得ません」「自衛隊のリスクが下がる」も全部デマ。

環太平洋パートナーシップ協定（TPP）に参加しないと訴えて選挙をやり、政権をとった途端にTPPに参加することを既定路線のように話し始める。「コメなど重要五項目を聖域として死守する」との約束も嘘だった。「デフレ下の（消費税）増税はしない」という方針も反故《ほご》に。

アメリカの言いなりになっていただけなので発言の整合性はない。二〇一八年五月二四日、トランプが米朝会談をキャンセルすると、いち早くトランプ支持を打ち出し、やっぱり会談することになると「会談は必要不可欠だ」とひたすら媚を売る。

強引に安保法制を通した理由も同じだ。

安倍は「トランプ大統領は北朝鮮から日本が攻撃を受けたら戦うが、日本はアメリカが攻撃を受けても黙って見ているだけなのは不公平。もっとお金を出さないと。こんな調子なんで、いつも反論する。『だから平和安全法制を作って、日米を助け合える同盟に変えた。そのために私は一〇パーセントも支持率を落とした』と言ったら、トランプ大統領からは『グレート！　サムライだ』と言われた」と発言（二〇二一年一一月二九日）。恥を知らないとはこのことだ。

二〇一七年二月一四日には「日本の立場、日本の主張としてはトランプ氏と親密な関係をしっかりつくり、世界に示すしか選択肢がない」と国会で発言。ここにすべてが集約されている。一般にそれを「属国」と呼ぶ。

安倍晋三の正体

安倍主催の「桜を見る会」には統一教会（現・世界平和統一家庭連合）の関連団体・世界

戦略総合研究所の事務局次長や反社会勢力のメンバー、半グレ組織のトップらと共に、詐《さ》欺《ぎ》組織「ジャパンライフ」の会長にも招待状が送られていた。

磁気健康器具の販売預託商法で顧客から現金をだまし取ったとして詐欺罪に問われたジャパンライフの元会長山口隆祥《やまぐちたかよし》は実刑判決を受けたが、この詐欺組織の「広告塔」だったのが安倍である。

そもそも安倍という人物がカルト体質だった。

安倍は統一教会だけでなく、手かざし宗教の「崇教眞光《すうきようまひかり》」の広報誌で「自分も信者」という趣旨の発言をしていた（「ＦＲＩＤＡＹ」二〇二二年八月一九・二六日号）。手かざしで病気や人間関係などのトラブルを解消すると謳《うた》うこの教団は、献金問題などトラブルを起こしてきたが、記事によると安倍は、教団の行事に参加し、次のような祝辞を送っている。

《主の大御神様、救い主様、聖珠様、教え主様、立教五十周年大祭がこうして盛大に開催されましたことを心からお喜び申し上げる次第でございます》

さらには、初級研修なるものを受講し、「神組み手の末席に名を連ねさせていただきました」と述べたという。「神組み手」とは信者のことだと記事は伝えている。

また、手かざし宗教の「慧光塾《えこうじゆく》」とも繫がっていた。「慧光塾」代表の光永仁義《みつながひとよし》とは家族ぐるみのつきあいであり、同塾のイベントに参列した際のスピーチで、「（光永代表の）パワーで北朝鮮を負かしていただきたい」と発言。

二〇二一年九月一二日、天宙平和連合（ＵＰＦ）が韓国で開催したイベント「神統一韓国のための THINK TANK 2022 希望の前進大会」にビデオ登壇した安倍は、「今日に至るまでＵＰＦとともに世界各地の紛争の解決、とりわけ朝鮮半島の平和的統一に向けて努力されてきた韓鶴子《ハンハクチャ》総裁をはじめ、皆さまに敬意を表します」「ＵＰＦの平和ビジョンにおいて、家庭の価値を強調する点を高く評価いたします。世界人権宣言にあるように、家庭は社会の自然かつ基礎的集団単位としての自然的価値を持っているのです。偏った価値観を社会革命運動として展開する動きに警戒しましょう」などと発言。

ＵＰＦは統一協会の開祖である文鮮明《ムンソンミョン》と、その妻の韓鶴子が創設したＮＧＯ組織である。霊感商法により多数の被害者を出している反日カルト組織に、一国の元総理が祝電を送ること自体狂っているが、安倍は統一教会の単なる広告塔ではなく、その思想にも近かった。

要するに、安倍という「国難」に乗じる連中が、日本を草刈り場にしていったのである。

人治国家への転落

安倍政権下において、日本は完全に破壊された。

新型コロナの感染が拡大し、日本国民の七〜八割が五輪開催に反対する中、安倍は「月刊Hanada」（二〇二一年八月号）で《彼ら〔野党〕は、日本でオリンピックが成功することに不快感を持っているのではないか》《共産党に代表されるように、歴史認識などにおいても一部から反日的ではないかと批判されている人たちが、今回の開催に強く反対しています。朝日新聞なども明確に反対を表明しました》と述べていた。

「日本人の命を守れ」と声を上げる人々が、カルトの脳内では「反日」になるらしい。安倍は保守の対極に位置する人間だったが、周辺の悪質なメディアが、安倍のおでこに「保守」というシールを貼れば、バカはコロッと騙される。しかし、結局、安倍とその周辺が反日勢力だったというオチ。

安倍政権は戦後の腐敗を集約し、国家の根幹に火を放った。

無知と忘恩。伝統の軽視。古くなったなら、壊して、新しいものを作ればいい。矛盾が発生したら、ルールを変えればいい。自分が何に守られているかを自覚できない人々が、改革の名のもとに破壊活動を繰り返してきた結果、われわれが辿《たど》り着いたのは、嘘とデマがまかり通る異常な社会だった。

そもそも、安倍は憲法自体を理解していなかった。

安倍が関わった二〇一二年の憲法改正草案は便所の落書き以下。

《全て国民は、この憲法を尊重しなければならない》《家族は、互いに助け合わなければならない》などと憲法の意味を理解している人間が作ったとは思えない。

さすがに党内からも「まずい」という声が出た。谷垣禎一《たにがきさだかず》は「(これは野党時代に作ったものであり)与党ですと、もう少し実現可能性を考えた」と軌道修正を図ったが、安倍は「私たちはこういう憲法を作りたいと思うから出した」とちゃぶ台をひっくり返した。

しまいには憲法九条第一項(戦争放棄)、二項(戦力不保持、交戦権否認)を残しながら、第三項を新たに設け、自衛隊の存在を明記すると言い出した。戦力の不保持を謳った後に戦力の保持を書き込む。アホにも限度があるが、これでは憲法は確実に空洞化する。要するに、自国の軍隊の法的な立場を明確にするという改憲派が積み上げてきた議論を全部ぶち壊したわけだ。

安倍がバカの一つ覚えのように「改憲」と繰り返したのには二つの理由があると思う。

ひとつはそれにより、情報弱者やカルトの支持を集めることができたこと。もうひとつは自衛隊を米軍に差しだそうという奴隷根性である。東京新聞（二〇一五年九月二三日）は安保関連法案とアメリカの日本専門家が二〇一二年にまとめた「第三次アーミテージ・ナイ報告書」の内容が、ほとんど同じであると指摘していた。

第二章

自民党を壊した戦犯

ヘタレ界の第一人者
岸田文雄

糸の切れた凧

ここまで小沢、橋本、小泉、安倍という四人の政治家を観察することで、平成元年以降、自民党が急速に劣化していった経緯について説明した。大きく括《くく》れば、選挙制度の改悪と官僚人事の掌握などにより、官邸に権力が集中し、内部から腐敗していったのである。それにより、政治家の質も劣化した。これは構造的問題である。

二〇二一（令和三）年一〇月四日、岸田文雄《きしだふみお》内閣が発足。直後、岸田はそれまで掲げていた比較的まともな政策をほぼ撤回。「令和版所得倍増計画」も「住居費・教育費への支援」もうやむやに。「令和版所得倍増計画」を引っ込めた理由については、経済再生担当相の山際大志郎《やまぎわだいしろう》が、令和版所得倍増計画とは所得が二倍になるという意味ではないとの認識を示したとのこと。とくに安倍政権以降、日本語が破壊され、意味が蒸発している。

金融所得課税（株式の配当や株式の売買時に課される税金）の見直しも「当面は触ること

は考えていない」と軌道修正。独自政策が消えた理由を聞かれると「旗は一切おろしておりません」と答え、会見では「私の思い、私が提示してきた政策に一点のブレも後退もない」と胸を張ったが、実際にはブレと後退しかなかった。

総裁選の際には「生まれ変わった自民党」などとも言っていたが、安倍や麻生太郎《あそうたろう》らの悪政と隠蔽体質を引き継いだだけ。

宏池《こうち》会（現岸田派）の元会長、古賀《こが》誠《まこと》は二〇二一年にテレビ番組のインタビューで、安倍や麻生に媚びへつらう岸田について、「いつまでもその人たちの言い分を聞いていかなきゃいけないというのであれば本末転倒だと思います」と発言。古賀はマックス・ヴェーバーの『職業としての政治』（脇圭平訳、岩波文庫）を引用し、「悪魔と握手してそれを達成するというのも責任倫理だとマックス・ヴェーバーは言っているんですね。しかし、その悪魔の言うとおりになったら本末転倒で、それは許せません」とも発言。

しかし、岸田の組閣は「悪魔の言うとおり」そのものだった。

集まったのは脛に傷を持つ人たちのオンパレード

UR（都市再生機構）に関連する疑惑で経済再生相を辞任し、雲隠れを続けた甘利明《あまりあきら》が幹事長、森友事件に関する公文書改竄について「黒を白にしたとかいう悪質なものではないのではないか」と放言した麻生が副総裁。安倍のネトウヨ路線の継承者である高市早苗が政調会長。パンツ泥棒の高木毅《たかぎつよし》が国対委員長、証拠隠滅のプロ小渕優子《おぶちゆうこ》は組織運動本部長。ガソリン代を政治資金から支出して問題になった鈴木俊一《すずきしゅんいち》が財務相。迂回献金問題の金子恭之《かねこやすし》が総務相。統一教会関係者の萩生田光一《はぎうだこういち》が経産相。基地建設の関連工事の受注業者から献金を受けていた西銘恒三郎《にしめこうざぶろう》が復興・沖縄北方相。巨額年金消失事件を起こしたＡＩＪ投資顧問の系列会社の代表取締役から寄付を受けていた後藤茂之《ごとうしげゆき》は厚労相。

ちなみにヴェーバーは、政治を堕落させる要素として、《権力を笠に着た成り上がり者の大言壮語》《知的道化師のロマンティズム》《権力に溺れたナルシシズム》を挙げている。

二〇二二年五月五日、岸田は金融街シティ・オブ・ロンドンで講演し、ウクライナ危機や権威主義国家の台頭を暴風に例えた上で、「私は決して風に流されない」と決意を示したとのこと。これはウィンストン・チャーチルの「凧《たこ》が一番高く上がるのは、風に向かっているときである。風に流されているときではない」という言葉を引用した後の発言で、岸田は「民主主義国家の旗手として、暴風に向かって真正面から向き合っていく」「高く舞い上がった凧として、またこの場に戻ってくることを約束」すると続けたが、結局、岸田は糸の切れた凧だった。

フルスロットルのバカ

岸田は北朝鮮拉致問題を最重要課題と位置づけ、条件をつけず金正恩《キムジョンウン》総書記と直接向き合う覚悟だとしたが、安倍も菅義偉《すがよしひで》もまったく同じことを唱え続け、結局一人も取り戻していない。そもそも岸田は売国安倍政権下で外務大臣を四年八ヵ月も務めてきた当事者である。

岸田は「信頼と共感が得られる政治が必要だ。そのために国民との丁寧な対話を大切にする」と言うが、丁寧な対話どころか、都合の悪いことはすべて隠蔽。テレビ番組で森友加計問題について「国民が納得するまで努力をすることは大事だ」と発言したが、安倍が激怒すると、わずか四日で再調査はしないと撤回。

森友学園との土地取引は、近畿財務局内で「安倍事案」と呼ばれていた。森友問題が浮上して以降、局内では「安倍事案で自分たちだけでは判断できない」「官邸筋や本省から理不尽なことをやらされている」との声が上がっていたという。

広島における参院選大規模買収事件についても再調査を否定。あらゆる悪事を隠蔽した。

岸田については、「ヘタレ」というキーワードである程度説明できる。そしてヘタレだからこそ、強がってみせる。そこが痛々しい。防衛費を拡大するのに必死だったのは、アメリカの要請だからである。二〇二三年一月の訪米の際は〝お土産〟を持参する必要があった。

そのときの岸田とジョー・バイデンが並んでいる写真がある。武器購入の約束などの〝お土産〟をもらったバイデンは上機嫌で、卑屈な笑顔をつくり縮こまる岸田の肩に手を置いた。あれで岸田が首にカメラをぶらさげていたら、アジア人観光客を侮辱するイラストそのものだ。

先制攻撃となるリスクが大きい敵基地攻撃能力を「反撃能力」とごまかすのも、ヘタレの極致である。

こうした猿芝居に声援を送る連中も登場。二〇二三年一月、自民党の佐藤正久《さとうまさひさ》はテレビ番組で「中国、ロシア、北朝鮮という強権国家に三正面で対するときに、日本が通常なら一〇年かかる安保三文書を一年でまとめ反撃能力を含め役割を増すのは、地域の安定にとりありがたい。（米政府は）岸田首相はここまでやるのかと非常に歓迎している」と発言。フルスロットルのバカである。

「決断力がない」と言われる岸田が敵基地攻撃能力保有に言及したのもアメリカの要求。岸田は、「日本は反撃能力を保有する一方、これを保障するために国防予算を増額するなど、我々の防衛能力を根本的に強化することを決心した」などと胸を張っていたが、「決心させられた」だけ。

閣議決定だけで国家の存亡に関わる方針を変更し、国会で議論をする前に外国で約束してくるのは手続きの破壊としか言いようがない。これは安保法制のときの安倍と同じ手口だ。

なお安倍は「日本の存立が脅かされ、国民の生命や権利が根底から覆《くつがえ》される明白な危険」が「ない」と判断できない場合に、集団的自衛権の行使に踏み切る可能性に言及した。それ以前の、明白な危険が「ある」場合、つまり「存立危機事態」に武力行使できるという話をひっくり返したわけだが、「ない」ことなど証明できないので、やりたい放題やるということである。

二〇二二年四月三日、安倍は敵基地攻撃能力について「私は打撃力と言ってきたんですが、基地に限定する必要はないわけであります。向こうの中枢を攻撃するということも含むべきなんだろうとこう思っています」と発言。これは完全に憲法違反、戦時国際法違反にあたる。

岸田は「国際社会を主導していく責任の重さと日本に対する期待の大きさを改めて強く感じる歴訪となった」とも発言。国際社会を主導？　何に高揚しているのかはわからないが、夜郎自大《やろうじだい》とはこのことだ。

しまいには「私の大切な友人のジョー」「ジョーの協力に感謝を申し上げたい」。わが国の安全保障上の最大の脅威はこうした恥知らずの存在である。

こうしてアメリカの飼い犬が、国民を無視して、国のかたちを変えていく。

二〇二四年三月二六日、支持率二〇パーセント台に過ぎない岸田政権は、英国、イタリアと共同開発する次期戦闘機の日本から第三国への輸出を解禁する方針を閣議決定した。

二〇二四年四月一一日、岸田は米議会で演説。「『自由と民主主義』という名の宇宙船で、日本は米国の仲間の船員であることを誇りに思う。共にデッキに立ち、任務に従事し、なすべきことをする準備はできている」などと発言していたが、これはアメリカ大統領のスピーチライター経験があるアメリカ人から、身ぶり手ぶりを含めた実践指導も受けて準備を重ねたものだった。

安倍カルトの継承

二〇二三年二月二六日、東京都内のホテルで自民党大会が開催され、約一二〇〇人が参加した。会場には亡き安倍の映像が流され、岸田は演説で安倍を礼賛。

「本日の党大会と昨年の党大会を比べるとき、失ったものの大きさを実感せざるを得ません」

「安倍元総裁の下《もと》、『日本を取り戻す』。そう固く誓って、当時の民主党政権から、政権の座を奪還したのは今から一〇年前のことです。そこから、この一〇年。安倍元総理の強力なリーダーシップの下、多くの仲間とともに、日本の未来を切り拓くために、死力を尽くしてきました」

「今こそ、安倍元総理、そして菅前総理が築いてこられた『前進の一〇年』の成果の礎《いしずえ》の上に、『次の一〇年』を創るため、新たな一歩を踏み出すときです」

アホくさ。

「前進の一〇年」どころか「後退の一〇年」ではないか。国力は低下。臭いものにはすべて蓋《ふた》。しまいに岸田は「時代は、憲法の早期改正を求めている」と支離滅裂なことを言い出した。

時代って何？

「日本会議が求めている」「統一教会が求めている」「アメリカが求めている」なら、日本語としては意味が通る。要するにヘタレだから主語をごまかす。

岸田は「政権奪還の原点」に立ち戻ると言う。

「それは、おごりを捨て、虚心坦懐《きょしんたんかい》に、徹底的に国民の声に向き合うことです。改めて、『政治は国民のもの』――この立党の精神に立ち返り、真摯《しんし》に、地域の声、国民の声に耳を澄ませていこうではありませんか」

それなら言う。憲法改正は国会（立法府）が発議して国民が承認するものだ。「バカはだまっていろ」というのが、多くの「国民の声」である。

麻生太郎

政治家の劣化の象徴

「みぞうゆう」の事態

二〇二三年三月一二日、麻生は街頭演説で「政治に関心がないことは決して悪いことではない。健康なときに、健康に興味がないのと同じだ」と発言。麻生は以前にも「若者が政治に関心がないことは、悪いことではない」と言っていたが、麻生が政治に無関心だったら日本はもう少しまともな国になっていたのではないか。

控えめに言って麻生の人格は腐っている。

失言も多すぎるので、とくにバカな発言を拾っておく。

一九八三（昭和五八）年二月九日、「東京で美濃部《みのべ》（亮吉《りょうきち》）革新都政が誕生したのは婦人が美濃部スマイルに投票したのであって、婦人に参政権を与えたのが最大の失敗だった」。

麻生太郎

二〇〇八（平成二〇）年一一月一九日、「（医師には）社会的常識が、かなり欠落している人が多い」。

同年一二月一五日、「多額の収入がありながら、（定額給付金の）『一万二〇〇〇円をちょうだい』と言う方はさもしい」。

二〇一三年一月二一日、終末期医療に関し、「さっさと死ねるようにしてもらわないと」。

同年七月二九日、「ドイツのワイマール憲法もいつの間にかナチス憲法に変わっていた。誰も気が付かなかった。あの手口に学んだらどうかね」。

二〇一七年八月二九日、「何百万人を殺したヒトラーは、いくら動機が正しくても駄目だ」。

同年一〇月二六日、衆院選の自民圧勝に際し、「明らかに北朝鮮のおかげもある」。

二〇一八年四月六日、自衛隊の日報隠蔽に関し、「一〇年以上前の話でどうだったかと言われると、防衛省も困るのかもしれない」。

同年五月四日、財務事務次官のセクハラ問題について「セクハラ罪という罪はない」。

同年九月五日、「G7（先進七ヵ国）の国の中で、我々は唯一の有色人種であり、アジア人で出ているのは日本だけ」。G7構成国には多くの有色人種がいるし、麻生の総理時代と在任期間の一部が重なるバラク・オバマは黒人の大統領だった。

こんな人物が政府の中枢に食い込んでいたのは、麻生風に言うと、まさに「みぞうゆう」の事態だった。

コロナは「風邪だから」

麻生には政治家以前に、正常な人間としての能力が完全に欠如していた。

二〇二〇年五月一二日、「これ（新型コロナ）は風邪だから、はやり病だから」「この種の話は六月に何となく収まるのかなと思わないでもない」と何の根拠もなく答弁。

二〇二一年九月一〇日、「コロナはまがりなりにも収束」と発言。

曲がっているのは性格と口だけだ。

二〇一八年五月一六日、自民党が政権に復帰した二〇一二年の総裁選を振り返り、「暗いやつ（石破茂《いしばしげる》）を選ぶか、あまり頭の良くないやつ（石原伸晃《いしはらのぶてる》）を選ぶか。だったら、おなかの悪いの（安倍）が一番いい」と発言。一番タチが悪いのを選んでしまったわけで選球眼もない。

アメリカを除く一一ヵ国によるTPP11（環太平洋パートナーシップに関する包括的及び先進的な協定）が署名されたときには、「日本の指導力で、間違いなく、締結された」「茂木《もてぎ》（敏充《としみつ》）大臣が○泊四日でペルーを往復しておりましたけど、日本の新聞には一行も載っていなかった」「日本の新聞のレベルというのはこんなもんだなと」と発言（二〇一八年三月二九日）。

すべて大間違い。

その時点でTPP11は締結されていないし、茂木が行ったのはペルーではなくてチリ。朝日新聞、毎日新聞、読売新聞も報道していた。

日本の政治家のレベルというのはこんなもんだな、としか言いようがない。

麻生は小学生レベルの漢字が読めないことでも有名だが、財務大臣なのに証券取引の前場《ぜんば》を「まえば」と読んでいた。破綻《はたん》を「はじょう」とも読んでもいたが、たとえば山一證券の経営破綻は「けいえいはじょう」だと思っていたのだろうか？

現実感覚もないし、性格も地頭も悪い。

二〇一六年二月二五日、「農家は税金を一回も払ったこともない人もいるだろう。地元で三人ぐらいから聞いた」と発言。三人から聞いただけでこの発言。

二〇一八年二月一九日、確定申告初日に国税庁前で佐川長官に抗議する集会があったことについて「御党（立憲民主党）の指導で、街宣車が財務省の前でやっておられた事実は知っている」と発言。立憲民主党が抗議すると、「見てただけで主催か主導か判断できない。自分たちで主導していないと言うのであれば、それは訂正させていただく」と返答。

妄想と思い込みだけで、メディアや他党に難くせをつける。

二〇一八年四月一七日には、「政権の安定があったからこそ、これまでの経済成長がずっと継続性を持たせられたのは間違いない事実であって、五年前より今のほうが悪いと言う人は、よほど運がなかったか、経営能力に難があるか、なにかですよ。ほとんどの（経済統計の）数字は上がってますから」と発言。

これも大嘘。当時、実質賃金も家計消費も下がり続けていた。自民党の劣化を象徴する極めて悪質な人間だ。

維新の会の元締め

菅義偉

卑劣な新自由主義者

二〇二一年一二月五日、菅は「（これまで）沖縄問題の責任者として取り組んできた。沖縄問題をライフワークとしたい」と発言。

では、菅は沖縄問題に対しどのように取り組んできたのか？

二〇一五年九月、沖縄県の基地移設問題を巡り、沖縄の苦難の歴史を語った翁長雄志《おながたけし》知事に対し、菅は「私は戦後生まれなものですから、歴史を持ち出されたら困ります」と言い放った。つまり、菅は「沖縄の苦難の歴史など知ったことではない」と言ったのだ。

実際、菅にとって過去とはその程度のものだった。

二〇二一年の広島市原爆死没者慰霊式・平和祈念式の挨拶では、事前に用意した原稿の一部を読み飛ばし、さらに「広島市」を「ひろまし」、「原爆」を「げんぱつ」と読み違え、訂正。事前に用意された原稿すらまともに読めないのなら、何のために存在しているのか。それ以前に日本および日本人を完全にナメている。事前に原稿の確認もせず、文章の内容すら理解していなかったのだから。

読み飛ばしたのは次の部分。

《（核兵器のない）世界の実現に向けて力を尽くします。」と世界に発信しました。我が国は、核兵器の非人道性をどの国よりもよく理解する唯一の戦争被爆国であり、「核兵器のない世界」の実現に向けた努力を着実に積み重ねていくことが重要です。近年の国際的な安全保障環境は厳しく》

その後、菅周辺は原稿がのりでくっついて剥《は》がれなかったことが原因と無理のある言い訳を始めたが、仮にそれが事実だとしても、話の筋が通っていないのだから普通は変だと気づくだろうし、原稿がくっついていたなら剥がせばいいだけの話。

すべてがこの調子。

菅の頭の中では「原爆投下なんて遠い昔のことだからどうでもいい」くらいの感覚なのだろう。過去などどうでもいいのだから、歴史の修正も気軽に行なう。

いわゆる「菅話法」がある。「その指摘はあたらない」「答弁を控えさせていただく」「いま答えた通り」……。こうした菅の態度は当初メディアに対する強硬な姿勢と捉えられてきたが、結局、コミュニケーション能力が著しく欠如していただけだった。かたくなに各種答弁を拒絶してきたのも論理的に説明する能力がないからである。だからあらかじめ頭に入っている「その指摘はあたらない」「個別の問題についてはコメントを差し控える」といったテンプレートを繰り返していただけ。一貫しているのは、都合の悪い現実から目をそらし、徹底した隠蔽工作を行なうことだ。

菅が二〇一二年に出版した『官僚を動かせ――政治家の覚悟』（文藝春秋企画出版部）には、《政府があらゆる記録を克明に残すのは当然で、議事録は最も基本的な資料です。その作成を怠ったことは国民への背信行為》とある。加計問題に関し、国家戦略特区ワーキンググループの議事録の公開に応じない菅に対し、記者がこの部分を読み上げ、誰が書いた本かわかるかと尋ねると、菅は「知らない」と返答。ゴーストライターが書いたのだろうが、自分の名前で出した本くらい読むべきだ。

二〇二〇年一〇月、同書は新書化されたが、先述の部分が記載された章がバッサリ削除されており、逆に注目を浴びた。

気に入らない質問をする記者は恫喝《どうかつ》する。

二〇一四年七月、官房長官時代に日本外国特派員協会で講演。フランス人記者から「自民党は二〇〇九年一二月一六日に民主党政権の政治主導に対して緊急提言をまとめ、国民のものである憲法を一内閣が恣意的に解釈変更することは許されないとしたが、安倍政権は解釈変更した」との質問を受けると、「それはまったくあたらない」とブチ切れ。

二〇一八年一二月、記者から「(辺野古《へのこ》の)埋め立て現場では今、赤土が広がっており、沖縄防衛局が実態を把握できていない」と指摘されると、官邸は激怒し「事実に反する質問が行なわれた」との文書を出した。では、事実に反していたのはどちらなのか?

土砂投入が始まると海は茶色く濁り、沖縄県職員らが現場で赤土を確認。県は「赤土が大量に混じっている疑いがある」として、沖縄防衛局に現場の立ち入り検査と土砂のサンプル提供を求めた。国は必要ないと応じず、結局、防衛局が出してきたのは、赤土投入の件とは関係のない過去の検査報告書だった。

維新の会の黒幕

菅本人が語っているとおり、橋下徹を政界に呼び込むために説得をしたのは菅である。維新およびその背後にいる連中の狙いは構造改革利権である。「身を切る改革」と言いながら、社会を破壊し、その過程で生まれる甘い汁を吸うわけだ。

橋下はテレビ番組でこう発言している。

「僕が大阪維新の会を立ち上げる前、まだ民主党政権のとき、菅さんは野党の一議員だったんですけど、東京から週に一回ぐらい松井《まつい》（一郎《いちろう》）さんに会いに来てたんですよ。『時間ない？　コーヒーでも飲もう』って。そのとき、松井さんは大阪府知事で」

「それぐらいの関係なんで、大阪の改革を安倍さんも菅さんも凄《すご》く評価してくれてましたから、カジノとかIR（統合型リゾート）とか大阪万博、それからリニア。国の力がなかったら動かないようなことを協力してくれて、JR大阪駅の北側のうめきた、あれも開発が進んでますけど、あれも安倍さんと菅さんの力を借りてお金を引き出したんですよ」

（二〇二一年一二月三〇日）

その後、橋下はツイッターで「週に一回ぐらい」を「月一回ぐらい」に修正したが、安倍や菅がカネを引き出すのに協力していたことを当事者が明言したわけだ。

大阪関西万博の黒幕も菅と安倍である。

大阪府・市の特別顧問をしていた堺屋太一《さかいやたいち》と橋下が寿司屋で酒を飲んでいるときに、堺屋が言い出したという。要するに、酔っ払いの与太。それを進めるために松井と橋下が安倍に酒を飲ませて、「気持ち良く」させ、密室で決めた。

二〇二二年一月、橋下は別の番組でこう発言。

「松井さんとぼくと菅さん、安倍さん、四人で話をさせてもらうときに、大阪のコレをお願いしますと、松井さんとぼくで安倍さんのお猪口《ちょこ》に溢れんばかりに（酒を）すすめながら……。それで（安倍が）気持ち良くなったときに、松井さんが大阪万博の演説とか熱弁をふるってね。だからあの当時、安倍さんと菅さんと松井さんとぼくで食事をさせてもらったときなんかに、大阪万博もそうですし、ＩＲもそうですし、リニアもそうなんだけど、あそこ（四人の食事の場）で号令がバーンと出たら、動くんですもんね、政治っていうものは。それをすごい体験させてもらいました」

「むかし、官僚主義とか官僚主導とかいろんなこと言われてましたけど、でも実際、本気で政治が号令をかけて、組織を動かせば、ほんとに日本の、全体が動いてくというかかな。

大阪万博なんて僕ら、正直ぜったい無理だと思ってましたもん。（略）大阪ではみんな、役所のメンバーも経済界も、そんなの無理に決まっててんじゃんっていう雰囲気だったから」

人治国家か。

「都構想」＝大阪市解体を目的とする住民投票の裏にいたのも菅だ。維新が流した「大阪市はなくさない」というデマと戦う大阪の自民党の動きを、当時、官邸は徹底的に妨害した。

菅、安倍、橋下、松井の四者での会食は年末の恒例行事になっていた。

菅の子分である維新の連中は菅におべっかを使いまくった。

松井「早期に安倍晋三政権を引き継ぐ首相を決定してほしい」

吉村洋文《よしむらひろふみ》「菅官房長官は本当に適任の方だ」

橋下「ものすごい実務能力に長《た》けている人」「霞《かすみ》が関《せき》を動かす特殊能力の持ち主」「菅官房長官の一番すごいところは、出来ないことは出来ないと言ってくれる。やれると言ったことは絶対にやってくれる」

馬場伸幸《ばばのぶゆき》「（都構想に向けた法整備の）議論をリードしたのが菅首相だ」

実際、菅は「大都市問題に関する検討プロジェクトチーム」の座長を務め、東京都以外の大都市が特別区を設置できるようにする大都市地域特別区設置法の成立を推進した。また、大阪・関西万博の誘致をバックアップし、カジノを含む統合型リゾートの大阪誘致でも連携してきた。維新の黒幕の一人は菅である。

また、維新の黒幕の竹中平蔵と菅の関係も深い。竹中が総務大臣時代、菅は副大臣だった。二〇一三年一月八日、菅は「産業競争力会議」のメンバーに竹中を起用したことについて、「国際的な感覚もあり、日本経済の現状分析も確か。そういう力をぜひお借りしたい」と述べている。

二〇二三年六月一四日、菅は吉本《よしもと》興業の番組に出演し、自らが推進した地方創生政策を振り返った。収録には新喜劇で使用したうどんの屋台セットを設置。菅は「地方を大事にしている吉本さんらしい」と持ち上げた。その吉本興業と維新も深い関係にある。日本の闇は根の部分でつながっている。

国家の否定と自助社会

二〇二〇年一二月、新型コロナウイルスの感染が拡大し、政府が四人以下の会食を呼び掛ける中、菅は八人でステーキ店で会食。菅は「国民の誤解を招くという意味で、真摯に反省している」と語ったが、意味不明。ステーキを食っていたという事実に誤解もクソもない。

感染が拡大する最中に東京五輪を開催することについて、菅は一貫して楽観論と無責任な発言を垂れ流してきた。危惧されていた医療崩壊が始まると、新型コロナの「中等症」であっても「症状が軽い」あるいは「重症化リスクの少ない」患者には「自宅療養」させる方針に切り替えた（二〇二一年八月三日）。

その後、反発を受け、表現を修正したが、要するに、権力の中枢に食い込んだ新自由主義勢力が三〇年かけて目指してきた国家の否定と、「自分の身は自分で守れ」という社会が完全な形で到来したわけだ。

二〇二〇年九月一四日、自民党総裁に選出された菅は、目指す社会像として「自助・共助・公助」を掲げ、「まずは、自分でできることは自分でやってみる。そして、地域や家族で助け合う。その上で、政府がセーフティーネットで守る」と発言。

「新型コロナウイルスの感染拡大を阻止することが今、内閣にとって最優先の課題だ」と言いながら、まともな説明もせず、しまいには「私が感染対策を自分の責任のもとに、しっかりと対応することが私の責任」と発言。これでは小泉進次郎《しんじろう》のポエムと変わらない。

政府分科会や、厚生労働省に助言する専門家組織「アドバイザリーボード」の警告も無視。菅は周囲から中止が最善の判断だと何度も助言されたことも明かしたが、五輪を政治利用して総選挙に突入するシナリオから離れることができず強行した。

緊急事態宣言の対象に追加された「福岡」を「しずおか」と誤読（二〇二一年一月一三日）していたが、議論の経緯を理解していればこういう誤読が発生する余地もない。要するに他人事《ひとごと》なのだ。

発令した緊急事態宣言の効果が出なかった場合について質問されると、「仮定のことは考えていない」と返答。意味不明。あらゆるケースを仮定して、対策を怠らないのが危機管理の基本ではないか。

二〇一五年七月、安全保障関連法案に関して、参考人として国会に呼ばれた憲法学者三人（長谷部恭男《はせべやすお》、小林節《こばやしせつ》、笹田栄司《ささだえいじ》）全員が、「違憲」「従来の政府見解の基本的な論理の枠内では説明がつかない」と明言すると、菅はパニックに。「違憲ではないとする、著名な憲法学者もたくさんいる」と言ったものの、実名を挙げることができたのはわずか三人。それを指摘されると、最後には「数の問題ではない」と言い出した。数の問題を言い出したのは菅である。

二〇一六年一〇月、政治資金集めのパーティー券代として白紙領収書を受け取り、自らの事務所で記入していたことが発覚。菅は事実を認めたが、その後「政治資金規正法上、政治団体が徴収する領収書に際して発行者側の作成法についての規定はなく、問題ない」と開き直った。

森友問題、加計問題をはじめとする一連の安倍晋三事件においては、「総理のご意向」と記載された文部科学省の記録文書について、「まったく、怪文書みたいな文書じゃないか」と発言。追加調査で文書の存在が明らかになると、「怪文書という言葉だけが独り歩きして、極めて残念だ」と発言。

総裁選の公開討論会では、森友学園への国有地売却の公文書改竄事件について、「結果は出ている」とし〝解明不要〟との立場を鮮明にした。テレビ番組では、政府の政策決定後に反対する官僚は異動させる方針を示している。内閣人事局も見直す考えが「ない」と明言。要するに政権に忖度する官僚以外は排除するという宣言だ。

言論弾圧とカルト体質

日本学術会議が推薦した会員候補六人を菅が任命しなかった問題では、デマや論点ずらしが連日のように社会に投下された。二〇二〇年一〇月五日、フジテレビ上席解説委員の平井文夫《ひらいふみお》は、テレビ番組で「この（学術会議の）人たち、六年ここで働いたら、そのあと（日本）学士院ってところに行って、年間二五〇万円年金もらえるんですよ、死ぬまで。皆さんの税金から、だいたい。そういうルールになってる」とデマを流した。

これはこの類いのデマゴーグの常套《じょうとう》手段。こうして大衆のルサンチマンを煽るわけだが、そもそも前提が大間違い。

日本学術会議は内閣府の所管で、科学に関する重要事項を審議する科学者の組織。政府に対して提言をするのが役割のひとつで、二一〇人の会員は非常勤特別職の国家公務員である。

一方、日本学士院は文部科学省の組織。学術上功績顕著な科学者を優遇し、学術の発達に寄与するため必要な事業を行なうとされる。定員は一五〇人で終身会員となる。

要するに、所管も役割も選ばれるプロセスもまったく違う。平井が述べた「ルール」など存在しない。

翌日フジテレビは謝罪したが、平井のデマはネット上で拡散。「日本学術会議には中国の息がかかっている」というデマも広がった。

問題を指摘された菅は「(憲法で保障される)学問の自由とはまったく関係ない」と明言したが、根拠は不明。説明抜きに「まったく関係ない」「その指摘はあたらない」と繰り返すのが菅である。

イギリスの科学誌「ネイチャー」は、学問の自律性が脅《おびや》かされていると指摘。「フィナンシャル・タイムズ」は菅の「非情な黒幕」という評判が明るみに出るだろうとした。フランス紙「ル・モンド」は「日本の首相が知的世界と戦争」という記事を掲載した。これは本当にその通り。菅と周辺一味が攻撃してきたのは「知的世界」だった。

菅にとって、事実は関係ない。

二〇二二年九月二七日に行なわれた安倍の「国葬」は葬式ではない。安倍の葬式は二〇二二年七月一二日、東京・芝公園《しばこうえん》の増上寺《ぞうじょうじ》で行なわれている。「国葬」は法的根拠に基づかず、議会も通さずに、国民の約六割が反対を唱える中、閣議決定だけで強行された国費を投入したプロパガンダのための脱法イベントである。

一番メリットがあるのは安倍が広告塔だった統一教会だろう。統一教会元幹部の阿部正寿《あべまさとし》は「安倍総理は使命を果たした方だと思っています。国葬もやっていただいてありがたいなと思っています」と感謝の言葉を忘れなかった（BS-TBS「報道1930」二〇二二年一二月二八日）。

菅の弔辞《ちょうじ》もカルトそのものだった。

菅によれば安倍は「いのちを失ってはならない人」であり、その判断は「いつも正しかった」とのこと。安倍は生前「私は総理大臣ですから、森羅万象すべて担当しております」「まったく正しいと思いますよ。私は総理大臣なんですから」などと述べていたが、菅の弔辞はこれに対応しているのだろう。

菅は続ける。「総理、あなたは、今日よりも、明日の方が良くなる日本を創りたい。若い人たちに希望を持たせたいという、強い信念を持ち、毎日、毎日、国民に語りかけておられた」。

安倍は自分が気に入らない人々に「こんな人たち」と罵声を浴びせ、都合が悪くなると国会から逃げ回った。内閣府の調査では、将来に希望を持てない若者のほうが多い。

さらに菅は恥知らずにも北朝鮮の拉致問題を取り上げ、安倍は「信念と迫力」に満ちていたという。ではその「信念」とやらは貫かれたのか。先述したように安倍は支持を集めるために拉致問題を利用した挙げ句、二〇一八年には「拉致問題を解決できるのは安倍政権だけだと私が言ったことは、ございません」と言い放った。

安倍の二度目の総裁選出馬を促したのも菅だ。

「私はこのことを、菅義偉生涯最大の達成として、いつまでも、誇らしく思うであろうと思います」

安倍が善政を行なったならそういう言い方も成り立つ。しかし、安倍‐菅という最悪のコンビがやったことは、国家と社会と法の破壊に他ならなかった。

永遠の中二病
石原慎太郎

改革バカの走り

石原慎太郎《いしはらしんたろう》という日本に対して罵声を浴びせ続けた幼稚な男を、なぜか担ぎ上げたのが劣化した保守論壇である。石原は改革バカの走りであり、ひたすら世論に迎合するポピュリストだった。

戦後民主主義の敵対者という世間のイメージとは逆に、大衆の屈折した「気分」にひたすら迎合してきた。数々の差別発言や暴言も、「大衆の本音を代弁するオレってカッコいい」といった自己愛に基づくもので、思想的な裏打ちがあるわけではない。差別主義者というより「かまってちゃん」。社会の常識、建前にケンカを売ることでチヤホヤされたかったのだろう。

アメリカが嫌い、中国が嫌い、皇室が嫌い、官僚が嫌い……。口を開けば、改革、変革、中央支配体制の打倒と騒ぎたてる。強者、権威、既存の体制に反発することで、大衆の無責任な改革気分に訴えかけてきた。

石原は言う。

《日本の官僚は優秀だと言われてきましたが、今では実際はそうではない。彼らには発想力がない。物事を多角的に見ることができない。私がかつて閣僚を務めている時に、ある次官は「私たちの特性はコンティニュイティ（継続性）とコンシステンシィ（一貫性）なのです」と言ったが、これほど変化の多い時代に、それではとても通用しません。継続性と一貫性にこだわる、ということは、自分で判断して解決しようという気持ちが初めからないということだ》（『日本よ、完全自立を』〈文春新書〉）

アホすぎ。官僚が継続性と一貫性を特性とするのは当たり前だ。それが官僚の仕事である。官僚が継続性と一貫性を放棄し、自分で判断して解決するようになったら国は崩壊する。

「政治主導により官僚支配から脱却すべきだ」「官から民へ」の大合唱が、政治家の官僚人事の掌握につながり、国は傾いていった。

石原の正体は、橋下に接近したことからも明らかだ。大統領制を唱えていた橋下に入れ込んだのは、若いころの自分に重ね合わせたからだろう。

「僕は橋下君を首相にしたい」

「彼は革命家になれる」

「（演説のうまさは）若い頃のヒットラーにそっくりだ」

石原は言う。

《たしかに論理ではなく、一種のセンチメント（感情）が彼に集まっているのだけども、この感情は「今の政治に飽き足らない」という不満なんですね。橋下市長は「ふわっとした民意」というけれど、それが彼の力になっていることは間違いない》（同前）

「センチメント」に警戒を怠らない姿勢が保守だとしたら、石原はその対極にある。

石原が破壊したかったのは日本および皇室である。

「これ（東日本大震災の津波）はやっぱり天罰だと思う」

「物騒なたとえ話だが、北朝鮮がノドン何号かを京都へ撃ち込んでくれれば、この社会も少しはピリッとする」

石原は一貫して皇室を憎み続けた。

「君が代って歌は嫌いなんだ」

「僕、国歌歌わないもん」

「新しい国歌を作ったらいいじゃないか。好きな方、歌やあいいいんだよ」

「ぼくは天皇を最後に守るべきものと思ってないんでね」

「それ（天皇制）は笑止だ。それは全く無意味だ」

「(皇居に向かってお辞儀する人々を見て) バカじゃないか」

《天皇が国家の象徴などという言い分は、もう半世紀もすれば、彼が現人神《あらひとがみ》だという言い分と同じ程笑止で理の通らぬたわごとだと言うことになる、と言うより問題にもされなくなる、と僕は信じる》(「文藝春秋」一九五九年八月号)

作家なのに、その言葉は絶望的に軽い。

卑劣で幼稚なクズ

この「幼児」を甘やかしてきたのが腐り果てた日本のメディアだった。

「TPPは米国の策略。賛成派は頭を冷やせ」などと言っておきながら、「原則的に(TPPに) 賛成だ」と一八〇度判断を翻《ひるがえ》す。皇室を散々罵倒しておきながら、旭日大綬章《きよくじつだいじゆしよう》の受章が決まればニヤけながら、ちゃっかりと受け取る。

環境庁長官時代には水俣病患者らを「補償金が目当ての偽患者もいる」と侮辱。重度障害者に対しては「ああいう人ってのは、人格があるのかね」。

都知事時代、海外出張の際は、都条例の規定を大幅に超過する経費を使っていた。高級ホテルやクルーザーに宿泊し、高級料亭で知事交際費が使われるなど公私混同の極致。石原のカネの使い方は、裁判で一部が違法と認定され、二〇〇九年に石原の敗訴が確定している。

新型コロナ禍において経済優先の「命の選別」に注目が集まったときは、石原はALS(筋萎縮性側索硬化症)を発症した女性に薬物を投与して殺害したとして、医師二人が嘱託殺人の疑いで逮捕された事件について、SNSにこう投稿している。

《業病《ごうびょう》のALSに侵され自殺のための身動きも出来ぬ女性が尊厳死を願って相談した二人の医師が薬を与え手助けした事で「殺害」容疑で起訴された。武士道の切腹の際の苦しみを救うための介錯の美徳も知らぬ検察の愚かしさに腹が立つ。裁判の折り私は是非とも医師たちの弁護人として法廷に立ちたい》

二重三重に間違っている。これを「尊厳死」「安楽死」の問題と捉えるのは筋違いである。医師二人は担当医でもなんでもない。ネット上で殺人依頼(患者本人による)があり、一三〇万円を受け取って犯行に及んだ容疑者の職業が医師だったというだけの話。

「業病のALS」という表現も話にならない。「業病」とは悪業《あくごう》(前世の悪事)の報いでかかる難病のこと。

見識の欠片《かけら》もない。

安倍については「私は久しぶりに立派な総理大臣が出てきたと思ってかれに期待もしています」。

二〇一八年三月三〇日、テレビ番組で森友問題に関して「つまらないマイナーな問題」「(安倍は)笑い飛ばせばよかった」と主張。公文書は国家の根幹であり、記憶である。安倍と同様、石原にも国家という前提がなかった。

竹中平蔵

中抜きで焼け太り

手癖の悪い政商

自民党が急激に劣化した原因の一つは、竹中平蔵のような政商を利用しはじめたことによる。

竹中は大学卒業後、日本開発銀行に入行。同行の設備投資研究所在籍中の一九八四年、『開発研究と設備投資の経済学』(東洋経済新報社)を書いて、サントリー学芸賞を受賞した。佐々木実《ささきみのる》の『市場と権力――「改革」に憑かれた経済学者の肖像』（講談社）によると、当時同僚だった鈴木和志《かずゆき》や高橋伸彰《たかはしのぶあき》の実証分析の結果を無断で使用したという。

果実を横からかすめとる手癖は昔からなのだろう。

竹中は政界に食い込んでいく。

一九九八年、小渕恵三《けいぞう》内閣で、「経済戦略会議」の委員に就任。さらに森喜朗《もりよしろう》内閣の「ＩＴ戦略会議」で委員を務める。なお、「ＩＴ戦略会議」は竹中が小渕に働きかけ、実現したものだ。

二〇〇一年の第一次小泉内閣では、経済財政政策担当大臣とＩＴ担当大臣に就任。その後の改造内閣では、経済財政政策担当大臣と金融担当大臣を兼任。

二〇〇三年の第二次改造内閣においても、内閣府特命担当大臣として金融、経済財政政策を担当した。

二〇〇四年には、参院選に自民党比例代表で立候補しトップ当選。

第二次小泉改造内閣において、経済財政政策担当大臣、郵政民営化担当大臣に就任。

第三次小泉改造内閣では総務大臣兼郵政民営化担当大臣に就任。

自民党・内閣府が広告会社「スリード」に作成させた「郵政民営化・合意形成コミュニケーション戦略（案）」には、竹中を使って世論を誘導する策が述べられている（四一ページ参照）。竹中の主張をバカでもわかるように言い替え、芸能人などを利用しながら、実現していく手法だ。実際、竹中とテリー伊藤《いとう》による政府広報「郵政民営化ってそうだったんだ通信」が新聞折り込みチラシとして全国に撒かれている。

小泉政権時代に国公立大学・大学院の教職員の兼業規制を廃止することを主張したのも竹中だった。その結果、政府の民間議員や有識者委員を務める学者が、民業の要職に就任するケースが生じるようになった。

人材派遣のパソナ取締役会長という立場にありながら、雇用規制の緩和の拡大を唱え、構造改革利権をあさってきたわけである。

第二次安倍内閣で、竹中は日本経済再生本部の「産業競争力会議」のメンバーになる。

二〇一四年一月、内閣府に置かれた「国家戦略特別区域諮問会議」にメンバーとして参加。

こうして、特定企業の利益になるように議論が誘導されていく。たとえば、家事支援外国人受入事業などにパソナが事業者として認定されたり、農業分野で特区に指定された兵庫県養父《やぶ》市に竹中が社外取締役を務めるオリックスの子会社「オリックス農業」が参入したり。

安倍や竹中周辺が仕組んだ移民政策も、人材派遣業界の利益につながっている。

竹中という人間をよく示す発言がある。

《私が、若い人に1つだけ言いたいのは、「みなさんには貧しくなる自由がある」ということだ。「何もしたくないなら、何もしなくて大いに結構。その代わりに貧しくなるので、貧しさをエンジョイしたらいい。ただ1つだけ、そのときに頑張って成功した人の足を引っ張るな」と》（「東洋経済オンライン」二〇一二年一一月三〇日）

「同一労働・同一賃金って言うんだったらね、正社員をなくしましょうって、やっぱり言わなきゃいけない」

「IT政策を進めるためには、治外法権をつくるぐらいのことをしないとだめだ」

「構造改革を実現するには、国民の支持とともに米国に代表される海外からの支持が大切」

「多様な働き方があるから、派遣（社員）でいるのが悪いとか、可哀相だとか、その大前提をやっぱり捨てて欲しい」

「どうして派遣（社員）が増えたかっていうと、それは簡単。日本の正規労働者っていうのは、世界で見ても異常に保護されているんです」

《問題は、いまの正規雇用に関して、経営側に厳しすぎる解雇制約があることだ》（日本経済研究センター「竹中平蔵のポリシー・スクール」二〇〇九年二月一日）

実話漫画に出てくるような悪党だが、実際、このやり方でボロ儲けしたのだから、現実はすでに漫画であった。

トリクルダウン理論

二〇一六年一月一日、テレビ番組で竹中はトリクルダウン（富裕層が富めば経済活動が活発になり、その富が貧しい者にも滴《したた》り落ちて浸透するという経済論）に言及。

「滴り落ちてくるなんてないですよ。あり得ないですよ」

では、これまで竹中が言ってきたことはなんだったのか？

二〇一三年に出版された『ちょっと待って！　竹中先生、アベノミクスは本当に間違ってませんね？』（田原総一朗《たはらそういちろう》との共著、ワニブックス）で竹中は、《企業が収益を上げ、日本の経済が上向きになったら、必ず、庶民にも恩恵が来ますよ》と述べている。

竹中や菅の先兵として動いてきたのが維新の会である。

橋下は「基本的には竹中さんの価値感、哲学と僕らの価値感、哲学はまったく一緒」と述べているが、その「哲学」が、国家の破壊を進めたのである。

逆に言えば、橋下がモラルの欠片もない人間だからこそ、国家や社会の紐帯《ちゅうたい》を破壊したい勢力が目をつけたのだろう。

竹中は言う。

「橋下さんは物事の本質が見えている」

「橋下さんの人気というのは革命の一環」

目的は永久革命だ。改革の結果、不都合が生じたら、「まだ改革が足りないからだ」と理由づける。これが構造改革のカラクリだ。こうして利権を掘り起こしていく。

二〇一五年二月八日、佐賀県唐津《からつ》市で開催された「日韓トンネル推進唐津フォーラム」で竹中は講演。「日韓トンネル」構想は文鮮明が提唱したものだが、カネの臭いがするところには、見境もなく近づいていく。

災害にも便乗。先述したように、新型コロナウイルスの感染拡大により、日本国民の七～八割は東京五輪の開催に反対していた。また、世界中から開催の危険を指摘される中、竹中は問題点を指摘した専門家に対し、「明らかに越権」「本当にエビデンスがないと私も思いますけど、人流を止めればいいんだとか、なってるでしょ」「(専門家でつくる新型コロナ)分科会がまた変なことを言う可能性がある。社会的になんか専門家だと思われてるから」と発言。

その後、パソナが純利益一〇〇〇%増という収益を上げたのは、新型コロナとオリンピック関連の国の事業で焼け太りしたからだ。五輪組織委員会はパソナ以外から人材派遣サービスを受ける場合、その旨、書面で承諾を受けないといけない契約になっていた。また、竹中は新型コロナウイルスワクチン大規模接種センター(東京)の予約システムを手掛けたマーソ社の経営顧問にもなっていた。

第三章

自民党という粗忽長屋

＊粗忽な人たち

自民党には落語に登場するような粗忽《そこつ》な人たちが多い。一番の問題は「笑えない」ところだ。

落語ファンとされる加藤勝信《かとうかつのぶ》は、定例会見で「ヨセキを含む劇場等に対し、無観客開催を要請していると承知している」と発言。「寄席《よせ》」を「ヨセキ」と読んだわけだが、粗忽にもほどがある。

「桜を見る会」の費用補塡問題を巡り、野党は安倍の過去の国会答弁について「虚偽答弁」と追及。これに対し官房長官の加藤は「何をもって虚偽答弁と言うかは、必ずしも固定した定義が国会の中であるとは承知していない。使われる文脈によって判断されている」と発言。加藤は例として『広辞苑』を引きながら、虚偽の項には「『真実でないこと、また真実のように見せかけること、嘘、偽り、空言』といった言葉が並んでいる」と紹介。

だったら、安倍の答弁は虚偽そのものではないか。
第三章では、自民党の劣化に棹《さお》をさした粗忽な与太郎について述べていく。

河野太郎

究極のかまってちゃん

現場混乱の元凶

一時期は総理候補と持ち上げられた河野太郎《たろう》。マイナンバーカードの最大の功績は、河野の正体を身も蓋もなく暴いてしまったことにある。そもそも、この制度には構造上の欠陥がある。マイナンバーの氏名情報は戸籍と同様、漢字だが、読み仮名のカタカナは登録されていない。一方、銀行口座の名義はカタカナで管理されているので、口座が本人のものかを照合することができない。

このような「仕組み自体」の問題が数多く指摘される中、河野は「マイナンバー、マイナンバーカードの仕組み自体に起因するものは一つもない」と発言。

マイナンバーカードと健康保険証を紐《ひも》付け、任意のはずの取得が事実上義務化されたことにより、国民の不安・不満は一気に高まったが、カードの自主返納が相次ぐ中、河野は「返納が増えていると言う人がいるが、微々たる数だ」と発言。

新潟県内での講演では、マイナンバー制度を始めたのは民主党政権だとして、野党議員の批判に「おまえが始めたんだろ、と言い返したくなる」と述べている。

医療現場は大混乱。システムの不具合で保険資格が確認できず、患者が窓口で「医療費の一〇割負担」を求められるケースが相次いだ。

正常な組織なら、どこで間違ったのか検証し、システムを修正する。しかし、政府がやったことは莫大な税金を使ってポイントをばら撒き交付率を上げることだった。しかもそれが失敗。

ついには厚生労働省が、混乱に対する当面の対応として、従来の紙の健康保険証も一緒に医療機関に持参するよう呼びかける方針を明らかにした。

これまでは紙の保険証一枚で済んでいたのに、わざわざ無用な混乱を生み出したわけだ。

河野は「マイナンバー制度と、マイナンバーカードが世の中で混乱してしまっている。次にカードを更新する時には『マイナンバーカード』という名前はやめたほうがいいのではと、個人的には思っている」などと言い出したが、名称を変更しようが本質が変わるわけではない。統一教会が世界平和統一家庭連合に名称を変更しても本質が変わらないのと同じことだ。

説明は二転三転。あるときは新型コロナウイルス対策の給付金の現場が混乱したからそれを解消するためと言い出したり、最大二万円分のポイントをやるから取得しろと言い出したり。それでも普及が進まないと、自治体のカード交付率の全国順位を公表し、それにより地方交付税の算定に差をつける方針を打ち出した。莫大な税金を投入して普及のためのテレビやネットのCM活動を電通に委託したりと、やっていることは支離滅裂。

そこまで力を入れる本当の目的は何なのか。国家による監視や一元管理、個人情報の漏洩などを危惧《きぐ》する声も大きい。要するに、普及が進まないのは単に国民が望んでないからだ。

これに対し、河野は「さまざまなご懸念をお寄せいただいている。一つ一つクリアをして、実施していきたい」と述べていたが、だったら懸念をクリアしたあとに制度を導入しろという話。

二〇二二年九月二〇日、河野は「マイナポイント」について「それはもう邪道でも何でも、とりあえずまず、皆さんに一生懸命申請をしていただく」と発言。

こんな詐欺師まがいの口上に、「はいそうですか」と従うバカはいないだろう。

ダニング＝クルーガー効果

スタンドプレーが大好きな河野はピンク色のネクタイを締めて会見に現れたりして、ほとばしる自己愛を世間に見せつけてきた。

マイナンバーと紐付ける公金受取口座の登録制度で、家族内で同じ口座を登録した例が多数見つかった問題で、政府は二〇二三（令和五）年二月頃に事例の広がりを把握していたにもかかわらず、同年六月五日には国会で「（五月下旬の）総点検調査の過程で把握した」と嘘をついていた。

このずさんな対応について、河野は「日本だけデジタル化に背を向けることはできない」と発言（二〇二三年六月七日）。意味不明。

部下の手柄は取り上げ、失敗の責任は部下に押し付ける。〝輝いている俺〟を見てほしいというのが行動原理になっているので、他人の迷惑も顧みない。一般常識に欠けている麻生にすら、「何が欠けているといえば、間違いなく一般的な常識に欠けている」（二〇一八年一〇月二三日）と言われる始末。

チヤホヤされると満面の笑みを浮かべ、少しでも批判されるとプンプン怒る。河野のツイッターを見ると、本当に自分が好きで好きでたまらないのだなとよくわかる。あそこまで自己愛だけで完結している人も珍しい。河野は二〇一九年六月二八～二九日に開催されたG20サミットの写真と共に「タローを探せ」とツイート。「入門編」「上級編」などと銘打っていた。ほかにも星条旗のような柄のマスクや自分の顔をプリントしたマスクをつけたり、自分のかわいい似顔絵が描かれた「太郎のクッキー」の写真をアップしたり。自民党の役員会にはいていく靴下まで公開していた。

河野の人間性を如実にあらわすエピソードがある。《朝の三時半に帰宅したら、愚息が全力でベーコンと叫んでいた。どうしたいんだ？》と突然ツイート。その後《ああ、ベーコンは、結局、^%£$+*.¡%🌀✓✕》などと意味不明の言葉を投稿し、これが話題になると、動画生配信で「ベーコンの秘密」について明かすと告知。思春期の女の子でも、このレベルのかまってちゃんはいない。

あの風貌でナルシシスト全開だからコミカルに見える側面もあるが、やはり度を越している。二〇二一年の自民党総裁選に出馬した際には、「調整力においても優れているのではないかと自負している」と自画自賛。調整力がないことが問題になってきたにもかかわらず。

功を焦るあまり、防衛省とのまともな調整もなしにテレビ番組で「(大規模接種センター東京会場で一日一万人の接種について)一日どれぐらい打てるのか、医官、看護官を配置できるのか、自衛隊が検討しているので。そこはこういうオペレーションができると言っているので自衛隊に任せたいと思っている」と発言(二〇二一年五月五日)。現場を混乱させた。

二〇二一年一〇月四日、河野はワクチン担当相の退任記者会見で、約一年に及んだ在任期間中の仕事ぶりへの自己評価を問われ、「一〇〇点満点で一二〇点くらい頂けるのではないか」と発言。

なお、「ダニング=クルーガー効果」とは、能力の低い人が自分の能力を過大評価するという認知バイアスである。

パワハラ、クレーマー体質

河野が目指すのは《国民の皆さまの声、党員の皆さまの声に耳を傾け、しっかりと受け止める》政治とのこと（「河野太郎公式サイト」二〇二一年九月二八日）。

河野の最大の特徴は、人の声に耳を傾けないことである。

二〇一八（平成三〇）年一二月一一日、外務大臣の河野は、日ロ関係についての記者の質問に「次の質問どうぞ」とだけ答えた。その次の質問にも「次の質問どうぞ」、さらにその次の質問にも「次の質問どうぞ」、そして「なぜ『次の質問どうぞ』というのか」との質問にも「次の質問どうぞ」。

二〇二三年二月一三日には、国会で原発政策や外相時代に関わった北方四島を巡る日ロ交渉などについて「所管外だ」との答弁を一二回繰り返した。

二〇二三年三月三一日、記者会見で、マイナンバーカードを「ほぼ全国民」に取得してもらうとした政府目標は達成できたと表明。とりあえず私はマイナンバーカードを取得していない。河野が言う「国民」とは「俺の言うことを聞く人間」に過ぎないのだろう。

新型コロナのワクチンに関してもパフォーマンスに終始し、都合の悪いことは徹底的に隠蔽。モデルナ製ワクチンの二〇二一年六月末までの供給量が当初の予定より三分の一に減ることをゴールデンウイーク前に把握しておきながら、同年七月になるまでその事実を隠していた。

ワクチンに関するデマに警戒するように呼びかける一方で、率先してデマを流す。四〇〇〇万回以上再生されたネット動画では「いろんな国の様子を見てると、たぶん発症しないとか重症化しないだけじゃなくて、ワクチンを打ったらたぶん感染しないっていうことも言えるんだと」と発言。「打ち抜き感染」「ブレイクスルー感染」という言葉があるように、もちろんワクチンを打っても感染する。

二〇二一年八月二四日、オンライン会議の場で、資源エネルギー庁の幹部職員に「日本語わかる奴、出せよ」などと暴言を浴びせ、説明に耳を傾けず、約二八分間の会議で「はい、ダメ」「はい、次」と計一三回繰り返した。しかも、その内容は、三年に一度見直しが行なわれる「エネルギー基本計画」の中の、「程度」と「以上」という文言の表記についてだった。

要するに、ただの迷惑な人。パワハラ、クレーマーの類い。だから人から嫌われるし、官僚からも信頼されない。

河野は、ワクチン担当相に任命されたのはスピード感を評価されたからと自画自賛する(「新R25」二〇二二年五月三〇日)。

《とやかく言わずに、今できる一番早い方法でやってみるしかないんです》

《俺、「急がば回れ」も嫌い》
《まずは最短距離を導き出して、直進。ぶつかったら対処を考える》
《スタートするときに最初から遠回りを考えてたら、そんなの負け戦でしょう》
「ぶつかったら対処を考える」。結局このやり方で、日本は「負け戦」に突入したのである。

杉田水脈

安倍晋三が残した差別主義者

自民党のデマゴーグ要員

第二次岸田カルト改造内閣において、杉田水脈《すぎたみお》が総務政務官に就任。杉田は会見で岸田政権が掲げる「多様性が尊重される社会」について問われると、「過去に多様性を否定したこともなく、ある性的マイノリティの方々を差別したこともない」「岸田政権が目指す方向性と、政務官として何一つずれている部分はない」と返答。本当に恥知らず。「新潮45」が廃刊になったのは、杉田が二〇一八年八月号に、ＬＧＢＴのカップルに対して誹《ひ》謗中傷《ぼうちゅうしょう》を書き連ねたからだ。
《ＬＧＢＴだからといって、実際そんなに差別されているものでしょうか》
《ＬＧＢＴのカップルのために税金を使うことに賛同が得られるものでしょうか。彼ら彼女らは子供を作らない、つまり「生産性」がないのです》
同誌（二〇一六年一一月号）では、こう述べている。
《国や自治体が少子化対策や子育て支援に予算をつけるのは、「生産性」を重視しているからです。生産性のあるものとないものを同列に扱うのは無理があると思います。これも差別ではなく区別です》
《このままいくと日本は「被害者（弱者）ビジネス」に骨の髄までしゃぶられてしまいます》
杉田の書いた記事は当然ながら大炎上し、海外からも批判された。
杉田の差別発言は枚挙に暇《いとま》がない。
二〇一六年の国連女性差別撤廃委員会ではアイヌ女性らを無断で撮影。ブログでは《国連の会議室では小汚い格好に加え、チマチョゴリやアイヌの民族衣装のコスプレおばさんまで登場。完全に品格に問題があります》《とにかく、同じ空気を吸っているだけでも気分が悪くなるくらい気持ち悪く、国連を出る頃には身体に変調をきたすほどでした》《ハッキリ言います。彼らは、存在だけで日本国の恥晒しです》と述べていた。

杉田のアイヌ民族を侮辱する投稿について、二〇二三年、札幌《さっぽろ》法務局は「人権侵犯の事実があった」と認定。杉田に対し「啓発」の措置を取った。大阪法務局も人権侵犯と認定。

その後の展開がすごすぎる。

二〇二四年五月二日、杉田はSNSに《そもそも「民族衣装のコスプレおばさん」なんて投稿していませんし》と投稿。意味不明にもほどがある。ブログの投稿はアーカイブに残っているし、国会でも杉田は事実だと認めている。

要するに、杉田は自民党のデマゴーグ要員。基本、嘘しかつかない。

杉田のパターンは同じである。

①嘘をつく。

②嘘がばれる。

③それを指摘されると「そんなことは言っていない」とさらに嘘をつく。

④その嘘もばれる。

⑤ ごまかす。

⑥ ほとぼりが冷めた頃、同じ嘘をつく。

デマをサイトに載せる新聞社

二〇一七年、ジャーナリストの伊藤詩織《いとうしおり》が元TBSワシントン支局長の山口敬之《やまぐちのりゆき》から性的暴行を受けたとして実名を公表したあとは、杉田は伊藤の人格攻撃を続けた。ブログには《伊藤詩織氏のこの事件が、それらの理不尽な、被害者に全く落ち度がない強姦事件と同列に並べられていることに女性として怒りを感じます》と投稿。

また《もし私が、「仕事が欲しいという目的で妻子ある男性と二人で食事にいき、大酒を飲んで意識をなくし、介抱してくれた男性のベッドに半裸で潜り込むような事をする女性」の母親だったなら、叱り飛ばします》とツイート。

さらには伊藤を誹謗中傷するツイートに「いいね」ボタンを押して拡散し、東京高裁は杉田に五五万円の損害賠償の支払いを命じている（最高裁で確定）。英BBCのインタビューには「彼女の場合は明らかに女としての落ち度があった」、性犯罪被害者支援に関する議論の際には、「女性はいくらでも嘘をつけますから」と性暴力被害の虚偽申告があるような発言をしている。

このときも会議後に、「そんなことは言っていない」と大嘘をついている。

ブログでは性暴力被害者のための「ワンストップ支援センター」について無知と偏見に基づいた感想を述べ、《新規事業として民間委託を拡充することだけでは、女性の人権を守り、暴力問題の解決をのぞむ世論と乖離《かいり》するのではないでしょうか、という趣旨の意見を申し上げました》と完全に開き直った。

しかし参加者や関係者の証言もあり、逃げ切ることはできず、最終的にブログで「事実と違っていた」と嘘を認めて謝罪。まさに「杉田はいくらでも嘘をつけますから」だろう。

杉田は保育所の待機児童問題に関して、産経新聞のサイトでデマを流している。

《子供を家庭から引き離し、保育所などの施設で洗脳教育をする。旧ソ連が共産主義体制の中で取り組み、失敗したモデルを二一世紀の日本で実践しようとしているわけです》

《旧ソ連崩壊後、弱体化したと思われていたコミンテルンは息を吹き返しつつあります。その活動の温床《おんしょう》になっているのが日本であり、彼らの一番のターゲットが日本なのです》と二〇一六年に述べていたが、二〇二二年一一月三〇日、国会で「事実として確認できず、不用意な発言だった」として撤回した。

事実として確認できないことを社会に垂れ流す人間のことを一般にデマゴーグと呼ぶ。そして、ネトウヨの与太をそのまま掲載する産経新聞。メディアの腐敗が国家の衰退に拍車をかけた。

杉田を総務政務官に任命した責任について国会で問われた岸田は、「任命責任については、この人事は適材適所ということであります」と答弁。

二〇二二年一二月二日、性的少数者らに関する差別発言の一部を撤回した杉田は、国会で「私のつたない表現で差別をしたかのように伝わってしまった」「私は差別をしておりません」などと答弁。つたないのは「表現」ではなく杉田の頭である。

差別主義者を比例上位に押し込んだバカ

このいかれた卑劣な女を政界に再び呼び込み、比例名簿で厚遇したのが、安倍だった。

ジャーナリストの櫻井《さくらい》よしこは、ネット番組でこう語っている。

「安倍さんがやっぱりね、『杉田さんは素晴らしい!』って言うので、萩生田（光一）さんが一生懸命になってお誘いして、もうちゃんと話をして、（杉田は）『自民党、このしっかりした政党から出たい』と」

杉田はその飼い主と同様、カルト勢力との繫がりも深い。

二〇一六年八月五日、ツイッターに《幸福の科学や統一教会の信者の方にご支援、ご協力いただくのは何の問題もない》と投稿している。二〇一九年四月二八日には、勝共連合と関係が深いとされる団体主催の会合で講演し、翌二九日に《会場はお客様で満杯。(中略)懇親会までじっくりとお話しさせていただき、本当にありがとうございました》と投稿している。

この件について記者から質問された杉田は、「主催団体が旧統一教会の関連団体だったとは存じ上げておりません」。確認はとらないのかという質問には、「えっと、確認といいますと、これ以上何を調べればいいのか」「関係団体であるかどうかというのは、逆に誰が定義をされるんですかね。定義がわかりませんので」と開き直った。

もっとも世の中には一定の割合で杉田のような異常な人物は存在する。それはそれで仕方がない。一番の問題は、このようなバカを野放しにしてきた自民党という異常な組織である。

政治資金収支報告書のキックバック分の不記載が発覚すると、杉田はブログに《不正や私的流用は全くありません》と投稿。意味不明。キックバックそのものが不正であり、違法である。ヘイトスピーチしか持ちネタがない杉田だが、「公金チューチュー」していたのはアイヌ文化関連事業の関係者ではなく、本人だったというオチ。「日本国の恥晒し」は杉田である。

甘利明

フェイクニュースの発生源

自民党史上初の落選劇

日本学術会議が推薦した会員候補六人を菅義偉が任命しなかった問題では、デマや論点ずらしが連日のように社会に投下された。先述したように、「日本学術会議には中国の息がかかっている」というデマも広がった。

甘利明《あまりあきら》は《日本学術会議は防衛省予算を使った研究開発には参加を禁じていますが、中国の「外国人研究者ヘッドハンティングプラン」である「千人計画」には積極的に協力しています》とブログでデマを流し、ネトウヨがそれを拡散させた後に、こっそり表現を修正した。

都市再生機構（UR）とトラブルがあった建設業者からの依頼で補償交渉の口利きをし、見返りに大臣室などで現金を受け取った疑惑により、二〇一六年一月二八日、経済再生相を辞任。その後、参考人招致や証人喚問から逃げて雲隠れ。

弁護士団体の告発を受け、東京地検特捜部は捜査を開始したが、なぜか甘利の事務所への強制捜査も、元秘書に対する本格的な捜査も行なわれなかった。

二〇一六年五月三一日、甘利と元秘書二人が不起訴処分（嫌疑不十分）になると、活動を再開。「適切な時期にお約束通り説明させていただく」としたが、結局「不起訴の結論をくつがえすような事実は見当たらなかった」と一方的に述べただけ。二〇二一年一〇月一日、幹事長に就任すると、疑惑は「寝耳に水だった」とすっとぼけてみせた。

二〇二一年一〇月の衆院選で落選。重複立候補した比例区で復活当選したものの、自民党の現職幹事長が小選挙区で敗れたのは初めてであり、幹事長から退くことを表明した。投票日の二日前には「私は未来を見通せる」「その私がいなくなれば大変なことになる」「未来は変わっちゃう」などと言っていたが、わずか数日後に自分がどうなるかは見通せなかったのか。

高市早苗

メディアへの圧力を強化

不適切なツーショット

二〇二三年三月二日、立憲民主党の小西洋之《こにしひろゆき》が安倍政権時代に作成された総務省の内部文書を公表。そこには首相補佐官の礒崎陽輔《いそざきようすけ》が二〇一四年一一月に、放送法の解釈や違反事例などの説明を総務省に問い合わせてから、二〇一五年五月に高市が従来の政府見解を事実上見直すまでのやりとりが時系列でまとめられている。

安倍政権は一貫して言論統制・言論弾圧を行なっていた。周辺では政府にとって都合の悪い特定のテレビ番組を潰すために、悪党が動いていた。総務省の内部文書には「現在の放送番組には明らかにおかしいものもあり、こうした現状は正すべき」という安倍の発言や、「けしからん番組は取り締まるスタンスを示す必要がある」「この件は俺と総理が二人で決める話」「俺の顔をつぶすようなことになれば、ただじゃあ済まないぞ」という礒崎の発言も記載されている。

当時、総務相だった高市は、「まったくの捏造文書だ」と主張。捏造でなかった場合は閣僚や議員を辞職するかと問われると、「結構だ」と答えた。その後、総務相の松本剛明《まつもとたけあき》が「すべて総務省の行政文書であることが確認できた」と述べ、礒崎は総務省に問い合わせたことを認めた。

にもかかわらず、高市は議員辞職を否定。「私に関しての四枚については内容が不正確であると確信を持っている」とトーンダウン。アホくさ。

アメリカ国務省が発表した人権状況に関する二〇一六年版の年次報告書は、放送局が政治的な公平性に欠ける放送を繰り返した場合、高市が電波停止を命じる可能性に言及したことを挙げ、「安倍政権によるメディアへの圧力強化に懸念が強まった」と指摘した。

二〇一六年、国境なき記者団は「国境なき記者団は日本のメディアの自由の低下を懸念する」という文書を発表。《安倍政権によるメディアの独立性への脅し》《主要な放送局内で自主規制が進んでいること》などを挙げた。

野党は国会で追及。高市はついに「私が信用できない、答弁が信用できないんだったら、もう質問なさらないでください」と言い出した。支離滅裂。意味不明。「答弁が信用できない」から、質問しているのではないか。

高市はそもそもいかがわしい人間である。

二〇一四年九月には、高市が二〇一一年にネオナチ団体代表とツーショット写真を撮っていたことが発覚。高市は「思想信条が分かっていたら、会いもしなかったし、写真も撮らなかった」と釈明したが、過去にはナチス礼賛本『HITLER 選挙戦略』（小粥義雄、千代田永田書房）に推薦文を寄せていた。

河井克行

法相自らが脱法で逮捕

腐敗した安倍政権の象徴

白昼堂々と行なわれた自民党による大犯罪。二〇一九年七月の参院選広島選挙区を巡る大規模買収事件で、公職選挙法違反に問われた元法相の河井《かわい》克行《かつゆき》に対し、東京地裁は懲役三年、追徴金一三〇万円の判決を言い渡した。

これは安倍事件でもある。通常一五〇〇万円程度の選挙資金の一〇倍にあたる一億五〇〇〇万円が河井陣営に流れた理由は、かつて安倍を「もう過去の人だ」とこきおろした現職の溝手顕正《みぞてけんせい》を落とすためだろう。自民党広島県連の反対を押し切り、河井の妻・案里《あんり》の擁立を主導したのも安倍である。要するに私怨。実際、党広島県連関係者は党本部サイドから「これは総理案件だから」と説明されたという（「毎日新聞」二〇二〇年六月一八日）。

河井は「これ、総理から」「安倍さんから」と言って現金を配っていた。現金を受け取った安芸《あき》郡府中《ふちゅう》町の繁政秀子《しげまさひでこ》町議は、「（自民党支部の女性部長に就いており）安倍さんの名前を聞き、断れなかった。すごく嫌だったが、聞いたから受けた」と振り返っている（「中国新聞デジタル」二〇二〇年六月二五日）。

悪事の限りを尽くしても、河井は検察を抑え込む自信があったようだ。

「週刊文春」（二〇二〇年六月二五日号）によると、広島地検の幹部は記者に対し、「官邸が圧力をかけて、河井夫妻の捜査をやめさせようとしている」と発言。また克行は法相に就任すると、知人に対し、「法務・検察の上に立った。もう何があっても大丈夫だ」と語っていたという（「東京新聞」二〇二〇年六月一九日）。

法を破壊していたのが法相。すでに現実はフィクションを超えているが、出金を指示したのは誰か？

党幹部は口を濁して逃げ回っていたが、ついに二階俊博《にかいとしひろ》が「党全体のことをやっているのは総裁（当時の安倍）とか幹事長の私。党の組織上の責任はわれわれにある」と自白（二〇二一年五月二四日）。菅も「当時の（自民党）総裁と幹事長で行なわれていることは事実ではないか」と発言（二〇二一年六月一七日）。現役の総理大臣と党幹事長が責任は安倍にあると名指ししたわけだ。

資金提供が行なわれた前後には、河井と安倍は頻繁に単独面談を行なっている。

二〇二三年六月、河井は公職選挙法違反（被買収）の罪に問われている元県議の裁判に、証人として出廷し、「私の実刑判決には納得していないが、政治家の責任ですべてをのみ込む、引き受けると決めたので、刑務所にいるのです」と含みを持たせた発言をしたという。恐ろしい国である。

国の憲法違反を漏洩

稲田朋美

走る爆弾娘

稲田は平気な顔で嘘をつく。国会では「森友学園の事件を受任したことも、裁判を行なったことも、法律相談を受けたこともない」「（籠池泰典《かごいけやすのり》元理事長）ご夫妻が私に法律相談をしていただいたとか顧問をやってもらった、まったくそれは虚偽であります」（二〇一七年三月一三日）と発言したが、「まったく虚偽」は稲田の側だった。その後、森友学園が起こした民事訴訟に原告側代理人弁護士として稲田が出廷したことを示す記録が見つかり、謝罪に追い込まれた。

頭も悪い。若者全員を対象にした自衛隊体験制度をやれば、《「草食系男子」といわれる今の男子たちも背筋がビシっとするかもしれませんね》（「正論」二〇一一年三月号）などと述べていたが、自衛隊はお子様の教育機関ではない。

法律を守ることもできない。都議選の応援演説では「防衛省、自衛隊、防衛大臣、自民党としてもお願いしたい」と発言（二〇一七年六月二七日）。これは自衛隊の政治利用であり、行政の中立性からも逸脱しており、明確な公職選挙法違反である。

陸上自衛隊の日報で南スーダンの「戦闘」が報告されていた問題では、稲田は「事実行為としての殺傷行為はあったが、憲法九条上の問題になる言葉は使うべきではないことから、武力衝突という言葉を使っている」と発言（二〇一七年二月八日）。現役の閣僚が国が憲法違反をやっていると公言したわけで、正常な国なら政権が吹っ飛ぶ話。

覚悟の上での告発なのか、それとも底知れないアホなのか。多分後者だと思う。

二〇一六年八月一三〜一六日、アフリカのジブチに行き、自衛隊の派遣部隊を視察したが、出発当日に成田空港に現れた稲田は、高校生がかぶるようなキャップに、派手なサングラスをかけ、ウキウキのバカンス気分。

同年八月二三日には、横須賀《よこすか》市の海上自衛隊基地を視察。艦内をハイヒールで歩き回り、自衛官から顰蹙《ひんしゆく》を買った。

《〔TPP受け入れは〕日本が日本でなくなること、日本が目指すべき理想を放棄することにほかならない》《TPPバスの終着点は、日本文明の墓場》（「産経新聞」二〇一一年一一月七日）、「このTPPはアメリカのためにあるんです」（衆議院経済産業委員会、二〇一一年四月一三日)、《TPPは日本をアメリカの価値観で染めるということですから。そんなことをしているうちに、日本はつぶれてしまいますよ》(「WiLL」二〇一二年一月号)などと発言していたが変節。社民党の福島瑞穂《ふくしまみずほ》から「信念を貫きなさい」と批判される始末(二〇一六年一〇月一三日)。

「サンデー毎日」(二〇一四年一〇月五日号)は「安倍とシンパ議員が紡《つむ》ぐ極右在特会との蜜月」という記事で、稲田の資金管理団体が在特会(在日特権を許さない市民の会)に近い人物らから寄付を受けていたと指摘。稲田は「サンデー毎日」を黙らせようとして、名誉毀損《きそん》で訴えたが、二審でも敗訴(二〇一六年一〇月一二日)。逆に在特会との関係が法廷で明らかになった。

そもそも稲田は「民主主義の基本は日本古来の伝統」とか言っているカルトである。

稲田は安倍のお気に入りでもあった。二〇一二年四月八日、安倍は稲田に対し、「国のかじ取りをしていくトップを、十分に私は目指していく実力はあると思っています。日本初の女性総理を目指して、がんばってもらいたい」と発言。アホにも限度がある。

萩生田光一

政界復帰は「神の計画」

統一教会関係者

安倍の腹心だった萩生田。統一教会との関係の深さにおいても他の党員の追随を許さない。

二〇〇三年の衆院選に東京二四区から出馬して初当選。二〇〇九年の衆院選では民主党候補に敗北し、比例でも復活できずに落選した。

二〇一二年の衆院選で返り咲くまでの浪人期間は約三年。その間はあの加計学園が運営する千葉科学大学危機管理学部で客員教授を務めた。

浪人時代は、八王子《はちおうじ》にある統一教会の教会を月一～二回のペースで訪れ、「信仰で選挙に勝たせてほしい」などと講演で信者に呼びかけていた。元信者の証言によると、萩生田は登壇して説教も行ない、教祖の文鮮明と韓鶴子を「ご父母《ふぼ》様」と呼び、「あなたたちの信仰で、日本の未来がかかっている」「私（萩生田）もご父母様の願いを果たせるように頑張る」「一緒に日本を神様の国にしましょう」などと語っていたという（TBS「報道特集」二〇二二年八月二〇日）。

萩生田は「二〇〇九年から一二年の間に、毎月一回教会を訪れて私が講演をしたり、青年部の皆さんに説教していたと書いてあるんですけど、こういう事実はまったくありません」と否定したが、「報道特集」は証拠を入手。講師を依頼したメール、信者に配布された萩生田の名前が記載されたレジュメ、当日の様子を紹介する団体関係のブログには萩生田と見られる人物の写真がアップされていた。

要するに大嘘つき。

二〇一四年に統一教会多摩《たま》東京教区が八王子で開催したイベントに来賓として参列していたことも、当日のパンフレットなどから判明している。

二〇一九年七月二〇日、参院選の応援で訪れた秋葉原《あきはばら》の街頭で、ジャーナリストの鈴木エイトから勝共連合との関係について聞かれると、「最近（勝共連合は）地元（八王子）ではあんまり動いてないしね」と答えたあと、「地元では平和女性連合とかの会合なんかで留学生のスピーチコンテスト、そういうのには出ていますと、聞かれてもいないのに統一教会とズブズブであることを自白。さらに「最近はもう壺も売ってないしね」と発言。

つまり統一教会が霊感商法で問題を起こしてきたことを承知の上で行動していたわけだ。

二〇二二年の参議院選挙公示直前には、生稲晃子《いくいなあきこ》と一緒に統一教会の施設を訪問し支援を要請。

紛れもない安倍の後継者である。

真のご父母様

二〇二二年一〇月二四日、統一教会とのつながりが発覚し経済再生担当大臣を辞任した山際大志郎が、わずか四日後に自民党の新型コロナ対策本部長に就任。これについて萩生田は、「今までの知見を生かして仕事をしてもらうということで私の判断で指名した」と説明。

さらに岸田は、萩生田に統一教会の被害者救済の新法策定の検討に入るよう指示。コントかよ。これでは泥棒に泥棒対策をさせるようなものだ。

自民党の裏金問題では、東京地検特捜部は立証困難としていきなり捜査を打ち切ったが、容疑者連中は少しはしおらしくなるどころか、全力で国民をおちょくり始めた。

萩生田は国会内で記者会見し、同派の政治資金パーティーを巡り、二〇一八～二〇二二年の五年間で、パーティー券販売のノルマ超過分として派閥からキックバックを受けた計二七二八万円を政治資金収支報告書に記載していなかったと明らかにした。

「この間、捜査当局に協力をする過程で、目処《めど》がつくまで詳細な説明は控えてほしいとの要請があったことや、昨日まで地元で区議長選挙があった関係で説明が遅くなったことを重ねてお詫びを申し上げたい」などと言っていたが、萩生田が推した候補を当選させるために、選挙の際の「判断材料」を隠しただけだろう。

裏金問題に関し、萩生田は逃げ切ることができたとでも思ったのか、候補者陣営が開いた個人演説会で「東京地検に連れていかれることはございません」とネタにしていたという。

また、《「大丈夫か」と街の中でみんなが話していたのだろうと思いますが、そういう問題ではなくて「修正をきちんとする」ということになっております》と検察との「手打ち」までにおわせたとのこと（「日刊ゲンダイ」二〇二四年一月一九日）。

萩生田は裏金問題による離党や議員辞職を拒否。勝手に議員辞職したら「真のご父母様」に叱られるのだろう。

下半身から先に生まれた男

小泉進次郎

天性のバカ

わが国の「息子問題」を代表する人物が小泉進次郎だろう。

耳目を集めたのは、ホテル代を政治資金で支払っていた三股不倫騒動くらい。

進次郎は人妻と不倫。人妻は小さい子どもを実家に預けながら逢瀬《おうせ》を繰り返し、夫にバレて離婚。家庭崩壊に追い込んだ揚げ句、進次郎は逃げ切り、滝川《たきがわ》クリステルとデキ婚を発表した。さらには、同時期に復興庁の元部下の女性とホテルで密会、さらにメイクアップアーティストの女性を赤坂《あかさか》の議員宿舎に呼びつけていた。

二〇二〇年一月二八日、赤坂に議員宿舎があるのに年に何回も十数万円級の高級ホテルに泊まっていることを国会で追及されると、「大半のものは秘書が宿泊した」と無理な答弁。「週刊文春」は疑惑を裏付ける領収書と進次郎のメールを入手した。

人妻《待ちきれない～！ 今日は進次郎さんの夢見られますように》

進次郎《今新幹線で着いたよ＞_＞今夜は楽しみにしてるよ＞_＞》

絵文字が哀しい。

政治資金も下半身も管理できない男が、「将来の総理候補」って、悪い冗談である。

進次郎が鼻息を荒くして、日本変革への決意を語ったことがあった。何を変えるかというと、衆議院でマイボトルが持ち込み禁止になっていることだと言う。頭がクラクラ。

唱えてきた政策は、国会の議員配布資料のペーパーレス化とか深夜国会による時間の無駄遣いの削減とか、いずれも台所の節約術レベルの話。

東京電力福島第一原発事故に伴い、除染で出た福島県内の汚染土は、三〇年後の二〇四五年までに施設から運び出し県外処分することになったが、処分場の検討の遅れを記者から指摘された進次郎は、「約束は守るためにあるものです」とおなじみの「進次郎話法」（一＋一＝二のように誰もが反論できない当たり前のことを大上段から言う）で返答。ドヤ顔でニヤリと笑ったあと、さらにひねりを加えてきた。

記者が「具体的には？」と問い返すと、進次郎は遠くを見つめ、「私の中で三〇年後ということを考えた時に、三〇年後の自分は何歳かなとあの発災直後から考えていました。だからこそ、私は健康でいられればその三〇年後の約束を守れるかどうかの節目を見届けることができる可能性がある政治家だと思います」と言い、うんうんと二度うなずいた。三〇年後の自分の年齢は、今の年齢に三〇を足せばいいだけである。要するに何も言っていない。

また、「三〇年」という期限が法律で決まったのは二〇一四年一一月なので、発災直後から「三〇年後の約束」を考えていたというのも謎。父親譲りでいい加減なのだろう。「今のままではいけないと思います。だからこそ、日本は今のままではいけないと思っている」といった進次郎のトートロジー（同義語反復）の数々も、イラク復興支援特措法の定義を巡って、「自衛隊の派遣地域は非戦闘地域」と暴言を吐いた父親の純一郎と同じ頭の構造。

テレビカメラの前に出れば「必要なことをやるべき」「世論調査を見ても納得している人が圧倒的に少ないことは明らかだ」と言う。「やるべき」だから必要なのであり、「世論調査を見れば納得している人が圧倒的に少ない」のだから、「納得している人が圧倒的に少ない」ことは明らかなのである。

ワイドショーを見ているおばさん連中は、「素敵」「本当にそうねえ」と言うのかもしれないが、いずれも「砂糖は甘いんです」レベルの話。

進次郎の芸はこれだけだ。統計不正問題で注目が集まる中、国会で質問に立った進次郎は「平成が終わろうとしている」「この（衆院予算委員会の）基本的質疑は目の前のテレビを見ている方も、この景色を見ているように、全ての大臣が出席しなければいけないことになっている」と、「テレビを見ている方」も知っている事実を並べ立てた。

賞味期限の切れた客寄せパンダ

二〇二一年の総裁選で河野太郎を支持した理由は、「河野さんが総裁になったら間違いなく今日みたいな何年間変わってないかわからないこの総裁選の開票作業の長さとか、総裁選のあり方を変えてくれる。私はそういう姿を想像していましたから、河野さんを勝たせたかったですね」。そんな理由で河野を支持したのかと唖然とするほかない。

「化石賞」は地球温暖化対策に前向きな取り組みを見せない国に対して、NGOのネットワークが与える不名誉な賞である。日本がこの賞を授与されると、進次郎は「驚きはない。受賞理由を聞いて私が演説で発信した効果だと思った。的確に国際社会に発信できていると思う」と発言。

こうした発言は狙ってできるものではない。

すがすがしいまでの天性のバカである。

新型コロナウイルスの感染リスクが高い状況下で働くごみ収集作業員のため、激励と感謝の気持ちを伝えるメッセージや絵をごみ袋に描くことも提案。小学校の学級会ならともかく、これ、国会議員の仕事か？

進次郎は言う。

「気候変動のような大きな問題は楽しく、かっこ良く、セクシーであるべきだ」

「プラスチックの原料って石油なんです」

「(プラスチックには) 石油の色もにおいもないからわからないと思うのですが、石油って化石燃料なんです」

「自分でスプーンを持ち歩く人が増えていく。こうしたことでライフスタイルを変化させていきたい」

「退院後、リモートワークができてるおかげで、公務もリモートでできるものができたというのは、リモートワークのおかげですから」

昆虫を食べたときの感想は、「オレ、今、食べてるって感じ」。

気候行動サミット中に外国人記者が、「石炭は温暖化の大きな原因だが、脱石炭火力発電に向けて今後どうしますか？」と質問すると、一言「減らす……」。記者が「どうやって？」と問うと、黙りこくり、しばらくして「私は大臣に先週なったばかりです」。

自民党本部で農業改革に関する会合が開かれた際には、「手数料で食っているのがＪＡ（全農）グループという意識があるなら、それは問題だ」「手数料があるから農協職員が食べていけるというなら、農家は農協職員を食わせるために、農業をやっているのかということになる」などとまくし立てた。意味不明。ＪＡに手数料を払いたくないなら、加入しなければいいだけの話。それ以前に、手数料を否定するなら、あらゆる中間組織が成り立たなくなる。

進次郎の地元には「投票は一八歳から　政治参加は〇歳から」というポスターが貼り出された。

二〇二四年四月の衆院島根一区補欠選挙の応援に出かけていった進次郎は、「悪いのは今の自民党です。錦織《にしこり》（功政《のりまさ》）さんはまったく関係ありません」と発言し、見事にオウンゴール。客寄せパンダとしても賞味期限を迎えている。

二〇二〇年二月二〇日、コロナ対策会議を欠席して地元の新年会に出席していたことについて、進次郎は国会で「反省しているんです。ただ、これは私の問題だと思うが、反省をしていると言いながら、反省をしている色が見えない、というご指摘は、私自身の問題だと反省をしている」。こいつに投票したやつも深く反省したほうがいい。

小渕優子
ハードディスクの破壊業者

ついたあだ名はドリル優子

小渕優子は、この三〇年にわたる自民党のドタバタ劇を象徴している人物のように見える。

小渕の後援会が開催した「明治座」観劇ツアーの収支を見ると、参加者から集めた会費よりも、入場料やバス代などの支出が上回っている。後援会が不足額を補塡したなら「選挙区の者への寄付」にあたり、公職選挙法違反になる。投票の依頼があったなら買収だ。そこで小渕は「政治資金収支報告書の記載ミス」という方向で弁解を始めたが、その理屈が通ったとしても別の問題が発生する。報告書に記載されていないカネはどこに消えたのかという話だ。要するに小渕陣営は毎年のように利益供与か裏金づくりのどちらかを行なってきた。

この問題で二〇一四年一〇月二〇日、小渕は経済産業相を辞任。会見では、この件に関し「大きな疑問があると言わざるをえません」「私自身大きな疑念を持ったところ」などと他人事のような発言を繰り返し顰蹙を買った。

政治資金で、親族企業からネクタイを買ったり、ベビー用品や化粧品、高級服、しまいには下仁田ネギやコンニャクまで買ったりとやりたい放題。

面《つら》の皮が厚いのは、自分の顔写真をワインのラベルに入れるメンタリティーにも表れている。小渕は「そうしたワインがあることも承知していますが、当然のことながら選挙区外に何かの形で使っているものと承知しています」などとごまかしたが、選挙区内で配ったから問題になったのだ。

二〇一三年に選挙区内の生産者に支払ったネギ代は約一二三万円。気になるのは「じゃが芋代」約四八万円、「馬鈴薯《ばれいしょ》代」約四七万円が計上されていること。じゃが芋と馬鈴薯ってどこが違うのか？

二〇一四年一〇月三〇日、東京地検特捜部は小渕の後援会事務所などを家宅捜索したが、パソコンのハードディスクが電動ドリルで破壊されていた。結局小渕は嫌疑不十分で不起訴に（元秘書らは有罪）。小渕は辞任会見で「議員として、政治家として説明責任を果たしていきたい」と述べたが、その後、きちんとした説明はなし。自民党はこの繰り返し。証拠は徹底的に隠蔽し、世間が忘れるのを待つ。

小渕は談合疑惑のある「日本道路興運」、およびそこの前社長から献金を受けていた。また後述するように、デマを流して世論工作をする組織と小渕の資金管理団体は取引をしていた。わかりやすい悪である。

第四章

自民党の大罪

＊周辺メディアの腐敗

狙われた放送法四条

安倍と周辺一味は、テレビ、ラジオ番組の「政治的公平」や「正確な報道」を定めた放送法四条の撤廃を検討していたが、その目的のひとつは狂信的な政権礼賛を続けるネット番組を地上波に持ち込むことだった。

放送法四条は、主に「公序良俗を害しない」「政治的公平さを失わない」「事実をまげない」「意見が対立する問題は多角的に論点を明確にする」の四点を謳《うた》っているが、これが撤廃されればフェイクニュースがまかり通り、選挙報道の中立性も損なわれる。

安倍と周辺一味は、外国資本が放送局の株式を二〇％以上保有することを制限する規定の撤廃も目論《もくろ》んでいた。「通信・放送の改革ロードマップ」と題した政府の内部文書には、外資規制の撤廃が盛り込まれている。

こうした勢力に抵抗するどころか、率先して迎合する物乞いメディアも存在する。

自民党が腐敗した原因には、こうしたメディアの存在がある。

バカ新聞

とくに腐り果てているのが産経新聞だ。

二〇一七（平成二九）年一二月一日、沖縄自動車道を走行中の米海兵隊曹長が、事故で意識不明の重体となった。産経新聞は「曹長は日本人運転手を救出したあとに事故に遭った」という内容の記事を掲載し、救出を報じない沖縄メディアを批判。しかし、琉球《りゅうきゅう》新報が取材したところ、米海兵隊は「（曹長は）救助行為はしていない」と否定し、県警も「救助の事実は確認されていない」とした。要するに完全なデマである。

県警交通機動隊によると、産経新聞は事故後、一度も同隊に取材をしていないという。産経新聞那覇《なは》支局長の高木桂一《たかぎけいいち》は沖縄メディアに対し、「これからも無視を続けるようなら、メディア、報道機関を名乗る資格はない。日本人として恥だ」などと書いていたが、産経新聞こそ報道機関を名乗る資格はない。

二〇一七年三月二八日、民進党の辻元清美《つじもときよみ》に関するデマをもとに産経新聞が記事を書き、安倍がそれを真に受けて国会で言及するという椿事《ちんじ》が発生した。

森友問題に関し、籠池諄子《じゅんこ》が安倍の妻・昭恵《あきえ》に宛てたメールで、《辻元清美が幼稚園に侵入しかけ私達を怒らせようとしました》《三日だけきた作業員が辻元清美が潜らせた関西なんとか連合に入っている人間らしい》と根拠のないことを書き、それを産経新聞が裏取りや確認取材もロクにせずに記事にしていた。

辻元はこれを否定。諄子も「事実を確認したわけではないです」と誤りを認め、「作業員」も辻元とは面識がないと関係を否定。

産経新聞がどのように謝罪するのかと注目が集まったが、政治部長の石橋文登《いしばしふみと》は「民進党の抗議に反論する—恫喝と圧力には屈しない」との記事を掲載。恥の上塗りをした。社会の公器たる新聞のくせに、ネトウヨレベルの記者がデマを垂れ流す。異常極まりない。

こんなこともあった。

二〇一六年五月三一日、産経新聞は、舛添要一《ますぞえよういち》都知事の政治資金疑惑に関し、「民進調査チームも元検事起用 アドバイザーに郷原《ごうはら》弁護士」と報じたが、元検事で弁護士の郷原信郎《のぶお》本人が、「事実無根」と抗議。郷原によると、産経新聞から記事掲載前に連絡があり、「調査チームのアドバイザー就任の依頼は受けていない」と回答していたのに、コメントは無視されたという。取材してもこれなら、手の打ちようがない。昔、「朝日新聞　アカが書きヤクザが売ってバカが読む」というフレーズがあったが、今は「産経新聞　バカが書き祖国を売ってバカが読む」である。

＊Dappi

プロパガンダを超えたテロ事件

安倍や麻生といった、特定の政治家が有利になる情報を流してきた「Dappi」の正体が明らかになった。ＩＴ関連企業「ワンズクエスト」社長の小林幸太《こばやしこうた》である。

「Dappi」は二〇二〇（令和二）年一〇月、森友学園への国有地売却を巡り、財務省の決裁文書改竄を苦に自殺した近畿財務局職員について、《近財職員は杉尾秀哉《すぎおひでや》や小西洋之が一時間吊るしあげた翌日に自殺》とツイート。しかし両議員が近財職員と面談した事実はなかった。要するに完全なデマである。

立憲民主党の杉尾、小西両議員は東京地裁に発信者情報の開示請求を申し立て、二〇二一年九月、通信会社に開示が命じられた。発信元が「ワンズクエスト」と判明したため、両議員は同社と社長の小林らに損害賠償などを求め裁判を起こした。

二〇二三年一〇月一六日、東京地裁は同社と小林らに計二二〇万円の支払いと投稿の削除を命じる判決を出し、《被告C〔小林〕の指示の下、被告会社の従業員あるいは被告Cによって行われたものと認めることができる》と認定した。

これまでも「Dappi」は、福山哲郎《ふくやまてつろう》が安倍の不規則発言を注意したときの映像を、「新型インフルエンザ等対策有識者会議会長」の尾身茂《おみしげる》に対して声を荒らげたように編集したり、菅と枝野幸男《えだのゆきお》の党首討論を歪曲編集したものを垂れ流したり、元参院議員でジャーナリストの有田芳生《ありたよしふ》の長男が北朝鮮に頻繁に出入りしたというデマを流したりしてきた。

問題は誰が小林を動かしていたかである。

自民党は「ワンズクエスト」の主要な販売先の一つだった。自民党東京都支部連合会からは「テープ起こし」などの名目で同社にカネが支払われている。しんぶん赤旗日曜版の取材により、自民党本部の事務方のトップである元宿仁《もとじゅくひとし》が小林の親類であることが特定されている。「ワンズクエスト」は岸田や甘利明が代表取締役を務めていた企業とも取引関係にあった。さらには訴訟が提起されたあとも、小渕優子が代表を務める政治団体が「ワンズクエスト」と取引を続けていた。わかりやすすぎる「悪」。

小林に自民党の資金が流れていたとするならば、単なる世論操作・世論誘導に収まる話ではない。国家の存亡に関わるある種の「テロ」である。

＊自民党のメディア工作

カネになるならデマも厭わない

二階俊博の資金管理団体が訂正した政治資金収支報告書の件に関し、調査研究費の書籍代が三年間で約三五〇〇万円という話があった。二階の事務所は、資金管理団体「新政経研究会」が訂正した二〇二〇～二〇二二年の政治資金収支報告書で、書籍代として計上した約三五〇〇万円分の内訳を公表。総購入冊数は二万七七〇〇冊にのぼる。一七書籍のうち、書籍別最高額は『ナンバー2の美学――二階俊博の本心』（大中吉一監修、ブックマン社）。

二階事務所は、書籍は「政策広報」のため「選挙区外の関係者に配布」したと強調した。選挙区内の有権者に配れば寄付扱いとして公選法違反になる恐れがあることを警戒したのだろうが、すぐにバレた。

二〇二四年三月三〇日、TBS「報道特集」は、購入した書籍が、二階の選挙区である和歌山御坊《ごぼう》市の有権者に無料で配布されていたことを報道。

自民党は資金力にものを言わせ、本をまとめて買い上げる形で、工作員や出版社にカネを流してきた。

自称文芸評論家の小川榮太郎《おがわえいたろう》は、『徹底検証「森友・加計事件」――朝日新聞による戦後最大級の報道犯罪』（飛鳥新社）なるトンデモ本を執筆。小川は《ひたすら「安倍たたき」のみを目的として、疑惑を「創作」した》《全編仕掛けと捏造で意図的に作り出された虚報》などと妄想を膨らませていたが、「捏造で意図的に作り出された虚報」を書いたのは小川だった。

二〇一七年一二月二五日、朝日新聞社は小川と版元の飛鳥新社に謝罪広告と五〇〇〇万円の損害賠償を求めた。判決では、書籍の表題を含め、朝日新聞社が問題視した記述のほぼ全てで真実性は認められなかった。

これは、現在の出版界の病そのものだ。カネになるならなんでもいいという最低限のモラルもない連中が、デマを流すことで飯を食っているのだ。

なお、小川のトンデモ本は自民党が組織的に買い上げていた。自民党所属の国会議員に本とともに送られてきた書面には「ご一読いただき、『森友・加計問題』が安倍総理と無関係であるという真相の普及、安倍総理への疑惑払拭にご尽力賜りたい」という旨が記されていた（「FRIDAY」二〇一七年一二月八日号）。

＊自称保守向けバカ月刊誌

権力との一体感がもたらす多幸症

とくに安倍政権以降の自民党がやってきたことは、国や社会、法の破壊に他ならなかった。そして、日本を三流国家に貶《おとし》めた安倍という国賊を礼賛してきたのが、腐り果てた自称保守論壇である。

現在のわが国では「バカ」が保守を名乗っている。

その結果、保守＝バカという間違った認識が蔓延《はびこ》るようになった。

しかし、保守思想の初歩の初歩を理解していれば、日本で「保守」とされている連中が、その対極であることがわかる。

保守は復古でも右翼でもない。近代の不可逆的な構造を理解した上で、近代内部において理性や合理の暴力に抵抗するのが保守である。保守は人間理性を信仰しない。よって、権力を警戒し、その制限・分散を説くが、エセ保守は逆に権力に迎合する。

エセ保守、ビジネス右翼の類いに唆される連中は、権力と一体化したかのような多幸感に包まれ、自画自賛を繰り返す。自分が大好きで、日本はすごい国と信じ込み、生温かい世界に引きこもる。論理的な整合性が取れなくなれば陰謀論に逃げ込み、惨めな、卑小な、卑劣な自分たちのメンタリティーをごまかすために、その鬱憤《うっぷん》を近隣諸国や社会的弱者にぶつける。

自称保守向けバカ月刊誌は、日本にとって害しかなかった。

「月刊Hanada」（二〇二二年一一月号）には《国葬反対派はバカか売国奴》《日本を蝕む「アベガー」というカルト》《国葬反対派は〝極左暴力集団〟》といった見出しが並んでいる。

「日本を蝕むカルト」は一体どちらなのか?

当時、直近の世論調査では安倍の国葬に「反対」は六二・三%で賛成の倍近くあった(「FNN」二〇二二年九月一七日・一八日調査)。

この類いの連中は、日本人の六二・三%が、バカで売国奴でカルトで極左暴力集団とでも言うのか。

たまには自分たちの歪んだ顔を鏡で見たほうがいい。

思考停止した連中が徒党を組むと、自分たちの異常さに気づかなくなる。都合のいい情報しか耳に入らなくなり、現実との接点を失い、濃縮されたカルトになっていく。だから安倍というカルト体質の男と親和性があったのだろう。

安倍礼賛ビジネスで飯を食っていた乞食ライターは大忙し。安倍と統一教会の関係を隠蔽するために、「自民党とカルト」の問題を「信仰の自由」の問題にすり替えたり、門田《かどた》隆将《りゆうしよう》のように「統一教会にとって安倍は天敵」とか言い出したり。

「嫌韓」というのもあった。ちょっとしたことでも韓国が関わると、血相を変えてキーキー騒いで怒り狂うサルたちが、反日カルトの統一教会が日本の中枢に食い込んでいたのに、黙り込んだり、話をそらす。それこそが、連中の正体である。

＊統一教会問題

安倍が参加した統一教会の登山

統一教会の目標は、教団を日本の宗教とし、統一協会の影響下にある総理大臣、閣僚を選出することで日本を支配することである。ご存じのように、統一協会と自民党の関係は、安倍の祖父・岸信介《きしのぶすけ》に遡《さかのぼ》る。

UPFジャパン議長の梶栗正義《かじくりまさよし》は「この八年弱の（安倍）政権下にあって六度の国政選挙において私たちが示した誠意というものも、ちゃんと本人（安倍）が記憶していた。こういう背景がございました」と発言している。

統一教会による霊感商法被害の根絶や、被害者の救済を目的に活動している「全国霊感商法対策弁護士連絡会」（全国弁連）の集計では、二〇一〇年から二〇二一年の一二年間で、確認できた被害金額は一三八億円、相談件数は二八七五件にのぼる。

二〇二二年七月一二日の全国弁連の記者会見で、渡辺博《わたなべひろし》弁護士はこう語っている。

「旧統一教会の責任者が、自分たちの機関紙の中で『政治家との繋がりが弱かったから、警察の摘発を受けた。今後は、政治家と一生懸命繋がっていかなきゃいけない』と『私たちの反省』として述べていた。わたしたちが国会議員の方々に、旧統一教会の応援をするのをやめてくださいよ、と呼び掛けている理由も、そこにあります。やっぱり旧統一教会の被害者にとっては、政治家との繋がりがあるから、警察がきちんとした捜査をしてくれないというような思いがずっとあると思います」

二〇〇九年六月一一日、印鑑販売を営む有限会社新世《しんせい》の社長・幹部・販売員らが特定商取引法違反（威迫・困惑）の疑いで警視庁公安部に逮捕された。

この件に関し、全国弁連の山口広《やまぐちひろし》弁護士はこう語っている。

《警視庁は当初、統一教会の松濤《しょうとう》本部までガサ入れする方針だったのに、警察庁出身の自民党有力議員から圧力がかかり、強制捜査は渋谷《しぶや》教会などにとどまった。この話はいろんなところから何回も聞きました》（「日刊ゲンダイ」二〇二二年八月一日）

全国弁連の弁護団は、第二次安倍政権が発足した二〇一二年一二月以降、それまで相次いでいた教団関与の刑事事件が極端に減ったことを挙げ、教団に対する警察捜査に安倍政権が政治的圧力をかけていた可能性に言及している。

二〇二二年八月五日、国家公安委員長の二之湯《にのゆ》智《さとし》は会見で、統一教会の霊感商法に関して、二〇一〇年を最後に「被害届はない」と発言。会見終了後、警察庁は「被害届」ではなく、二〇一〇年を最後に「検挙がない」と訂正した。二之湯は、二〇一八年に統一教会の関連団体が開催したイベントの京都府実行委員長を務めていた。

二〇二三年七月八日、統一教会は公式サイトで安倍を「不世出の政治家」と礼賛した。

第二次政権以降、安倍は統一教会に急接近していく。

二〇二二年一二月二八日のBS-TBS「報道1930」では、統一教会元幹部の阿部《あべ》正寿《まさとし》が、統一教会が安倍を再び総理に返り咲かせるために尽力したことを証言。

「安倍総理のお父さんの安倍晋太郎さんとうちの久保木《くぼき》（修己《おさみ》・統一教会初代）会長は仲が良かったんです。文（鮮明）先生は安倍晋太郎さんに言った。あなたがもし自民党総裁、首相になったら、まずは韓国に来たときは、大統領官邸に行くんじゃなくて、文先生の自宅がある漢南洞《ハンナムドン》に挨拶に行きなさい。それと日韓トンネルを応援しなさい。約束したんです」

晋太郎が病死したため、約束の遂行のために今度は晋三を応援することになる。晋三は統一教会の関連団体「世界戦略総合研究所」に招かれて講演。統一教会が安倍を励ますために企画した高尾《たかお》山の登山（二〇一二年四月三〇日）に参加したりするようになる。

政権周辺に結集したカルト

統一教会の広告塔である安倍周辺にはカルトが結集。

安倍主催の「桜を見る会」には、「世界戦略総合研究所」の小林幸司《こばやしこうじ》事務局次長が招待されていたが、小林はその理由について「(総裁選で安倍を)応援したからですかね」と平然と述べている。

文鮮明と岸信介は盟友関係にあり、岸の力添えにより、一九六八年に教団系の政治団体「国際勝共連合」が設立された。この勝共連合の改憲案と自民党の改憲草案は酷似している。

二〇一七年四月、勝共連合は「憲法改正について」と題した約一七分の動画を公開。副会長の渡辺芳雄《わたなべよしお》は以下の三点を「改憲の優先順位」として掲げた。《「緊急事態条項」の創設》《家族保護の文言追加》《「自衛隊」の明記》。いずれも安倍の主張および自民党の改憲案とほぼ同じ内容だ。

朝日新聞によると、統一協会系団体の「世界平和連合」と「平和大使協議会」は二〇二一年の衆院選と二〇二二年の参院選の際、数十人の自民党議員に対し「推薦確認書」を提示し、署名を求めていた。

文部科学相の盛山正仁《もりやままさひと》も統一教会とつながっていた。

二〇二一年の衆院選で支援を受けた盛山は、「政策協定」を結んでいる。朝日新聞は推薦確認書の写真を入手（二〇二四年三月六日）。この推薦確認書には、《憲法を改正し、安全保障体制を強化する》《家庭教育支援法及び青少年健全育成基本法の制定に取り組む》《『LGBT』問題、同性婚合法化に関しては慎重に扱う》《アジアと日本の平和と繁栄を目指す「日韓トンネル」の実現を推進する》などと統一教会の政策が並んでいる。

盛山は「覚えていない」とごまかし続けたが、国会で問い詰められ、最終的に「サインをしたのであれば、軽率にしてしまったのではないかと思う」と認めた。

朝日新聞によると、推薦状は、推薦確認書に記された政策の実現に取り組むという条件で授与されるものだと複数の関係者が証言したとのこと。

つまり、盛山は統一教会の方針をわが国において実現させる約束をしたわけだ。

盛山は二〇二二年三月の「UPF・兵庫県平和大使協議会」の総会で、韓鶴子の演説映像を見たうえで、「先ほどのビデオ、韓半島統一のUPF、立派に開催されたこと、素晴らしいことだなと感銘を受けました」と発言している。

盛山だけではない。統一教会と深い関係にある政治家たちが、依然として自民党を牛耳っている。

第四次安倍第二次改造内閣で総務大臣政務官になった斎藤洋明《さいとうひろあき》も、統一教会と政策協定を結んでいた。

統一教会の霊感商法で日本人から奪われたカネが、北朝鮮のミサイル開発に使われたという話もある。

統一教会が四五〇〇億円を北朝鮮に送金していたことを米国防総省（ペンタゴン）情報局（DIA）が摑んでいたと「文藝春秋」（二〇二三年一月号）が報道。記事では文鮮明と金日成の関係や資金の流れを解説。統一教会が北朝鮮で展開していた自動車メーカー「平和《ピョンファ》自動車」の元最高責任者は、《日本から北朝鮮に直接送金したら、大変なことになります。日朝の外交関係は緊迫しているので。まず韓国に送金し、韓国でマネーロンダリングをした後に香港に送る。さらに香港から平壌《ピョンヤン》に送金される。これが基本的な流れです》と説明。韓国国防省の元次官は《もし統一教会から資金が渡っていたなら、北朝鮮が核やICBM（大陸間弾道ミサイル）の開発に資金を流用した可能性は非常に高いです》と語っている。

岸田内閣のカルト汚染

二〇二二年八月一〇日、第二次岸田改造内閣が発足したが、統一教会や関連団体との関係を認めた閣僚は七人もいた。岸田は「(就任時に)閣僚らに関係を点検し厳正に見直すよう指示した。関係は断つよう徹底することは重要だ」「政治の信頼を確保するために政治家としてどうあるべきか。自分自身をしっかり点検してほしい」と発言。その直後に、岸田の熊本の後援会長が統一教会の関連団体の議長だったことを「週刊文春」(九月一日号)がスクープした。

岸田と統一教会のつながりも深い。政調会長だった二〇一九年一〇月四日、党本部でニュート・ギングリッチ元米下院議長と面談した際、統一教会の関連団体のトップが同席していた。面会者は八人で、うち六人が統一教会の関係者だった。そこにはUPFジャパンの梶栗議長や、米国の教団の元会長でUPFインターナショナル会長のマイケル・ジェンキンスも同席したと、ギングリッチは証言している。この面談はUPFが手配したものだ。

なお、統一教会の関連団体「世界平和女性連合」が運営する職業訓練校への政府開発援助（ODA）が、二〇一四～二〇一五年、外相だった岸田の関与のもとで行なわれたと共産党の穀田恵二《こくたけいじ》が明らかにした。

自民党の憲法改正実現本部最高顧問は、統一教会の元顧問弁護士の高村正彦《こうむらまさひこ》である。

自民党のカルト汚染は止《とど》まるところを知らない。

二〇二二年八月一五日、政府は統一教会と閣僚ら政務三役の関係について「個人の政治活動に関するもので、調査を行なう必要はない」とする答弁書を閣議決定。

党内調査では、自民党所属国会議員三七九人のうち半数近い一七九人に統一教会との接点が見つかっている。統一教会の被害者救済法は成立したが、自民党との癒着という根本問題は何一つ解決していない。結局、岸田がやったのは、隠蔽工作と論点ずらしだけだった。国会議員の「自主点検」もザルもいいところ。関係を報告しなかったケースが相次ぎ、最も深い関係にある安倍は調査対象から除外されていた。

統一教会が安倍を「不世出の政治家」と礼賛した件についてはすでに述べたが、統一協会系の「世界日報」は、安倍派の裏金問題に関する報道に激怒。「安倍派報道の屈辱に負けるな」というコラムには、《安倍元首相と安倍派の名誉にかけて、その遺志を受け継ぐ有志らによって再起し、日本国のために立ち上がらなければならない》（二〇二三年一二月一八日）とある。安倍とその周辺が自民党内の「統一教会日本支部」と揶揄《やゆ》されるのも当然だ。

＊世襲と息子問題

地盤・看板・鞄

岸信夫《のぶお》（岸信介の孫）は引退する際、後援会幹部の会合で「このあたりで（秘書で長男の）信千世《のぶちよ》に譲りたい」と発言。家業かよ。

二〇二三年四月二三日、衆議院の補欠選挙、山口二区で岸信千世が勝利。信千世は「これまで父をご支援頂き、引き続き私にもご支援を賜りましたすべての皆様のお力のおかげ」と述べ、三バン（地盤・看板・鞄）で当選したことに対し、胸を張った。

また、信夫から「おめでとう。これからしっかり頑張りなさい」と携帯電話のメッセージが来たことも明かしている。中学受験に受かった小学生か。

信千世が最初に注目を集めたのが公式サイトだ。曽祖父の信介や伯父の安倍などの名前を記した「家系図」をアピールしたが、SNSで世襲だと反発を浴びると削除。信千世は「家族の意志をしっかり受け継ぐ」とも発言。記者会見では、人口減少が進み、中山間地域が過疎化する山口二区は「日本の社会問題が顕在化した日本の縮図」だと指摘。まさに山口二区は「日本の社会問題が顕在化した日本の縮図」である。

山口四区では安倍の後継として、「遺志を継ぐ」と訴えた元下関《しものせき》市議の吉田真次《よしだしんじ》が当選。吉田を担いだ安倍昭恵は選挙戦で、「主人の最後の選挙のつもりで戦っている」と発言。吉田は「安倍先生の無念を晴らすため」とも言っていたが、政治の私物化そのものである。

吉田の出陣式では後援会長が「このアベシンジ候補こそが……。ああ、ごめん」と発言。要するに、安倍の勢力を引き継ぐためなら、なんでもよかったわけだ。

挨拶に立った萩生田は《私の心配は、この下関のみなさんは投票所に行って、白い投票用紙に向かったら、「安倍」としか書いたことがないんですよ。後援会長でさえ、候補者の名前を間違える》と発言（「朝日新聞」二〇二三年四月一一日）。冗談のつもりなのだろうが、おぞましいの一言である。

「親バカ」というより「バカ親」

自民党には「息子問題」が存在する。

菅の息子の正剛《せいごう》は、衛星放送のチャンネルを運営する東北新社の部長だった。汚い「ロン毛」が注目を浴びたが、東北新社は菅の威光を利用して官界工作をしていたのではないかと国会で追及された。衛星放送は総務省の許認可事業であり、東北新社が総務省幹部を違法接待していた。正剛は大学卒業後、バンド活動に明け暮れていたが、二〇〇六～二〇〇七年に総務相だった菅は「バンドをやめてプラプラしていたから」という理由で、息子を大臣政務秘書官にしていた。

石原慎太郎の息子問題もある。石原は親バカだったと言われるが、「親バカ」というより「バカ親」である。長男の伸晃は自身が代表を務める政党支部が新型コロナ対策の雇用調整助成金を受給していた問題で内閣官房参与を辞任。その後、地元事務所の家賃を妻が代表取締役を務める企業に支出していることを「週刊文春」にすっぱ抜かれた。雇用調整助成金問題も身内への「還流」もせこい話だが、もっとせこいのは、政治資金で花札とトランプを購入していたこと。

二〇一七年七月一日、都議選選挙戦最終日の街宣のため秋葉原に安倍が到着すると、伸晃は「どうぞ皆さん、拍手をもってオマヌケください！」と声を上げた。実際、選挙は「オマヌケ」な結果に終わった。伸晃は慎太郎の教育論の価値がゼロであることを身をもって証明してくれた。

公私混同のファミリービジネス

岸田が国家を私物化したのも、究極のバカ息子である安倍に似ている。

二〇二二年一〇月、岸田は長男の翔太郎《しょうたろう》を首相秘書官に「縁故採用」。

翔太郎は岸田の欧米歴訪に随行し、観光やショッピング三昧。ロンドンやパリ市内を公用車で移動し、パリではビストロに行き、ロンドンでは高級百貨店のハロッズに。なお、公用車を使った観光について政府は、「対外発信用の撮影」だと説明したが、翔太郎が撮った写真は対外発信では使われていなかった。

閣僚の辞任や中国外交などに関する官邸のトップシークレットがメディアにダダ漏れになったときは、翔太郎の関与を指摘する報道もあった。

翔太郎は首相公邸で親族と記念撮影をするなど、不適切な行動を繰り返していたが、結局、翌年に首相秘書官を辞職。その後、二〇二四年にしれっと復帰した。

二〇二三年四月、岸田の妻の裕子《ゆうこ》も、公費を使ってアメリカ旅行へ。ワシントンでは「全米桜祭り」を視察し、その印象について「楽しかったです」と答えている。公私混同の「桜を見る会」事件はまだ終わっていない。

＊官房機密費の横流し

国民のカネが選挙に使われていた

二〇二四年五月、中国新聞の大スクープが注目を集めた。

二〇一三年の参院選の際、安倍が自民党公認候補に現金一〇〇万円を裏で渡していた疑いを報道。

また、自民党政権で官房副長官を務めた人物が、国政選挙の候補者に官房機密費を使い現金を渡していたことを同紙に証言。前任の長官から提供先のリストを引き継ぎ、定期的にカネを渡す相手がいたという。

ほぼ毎月一億円が支給される官房機密費の原資は税金であり、国の安全保障などを目的として使うもの。それを自民党という特定の組織の選挙のために横流ししていたわけで、完全に違法である。

機密費の流用はこれまでも取りざたされてきた。

二〇二三年一二月、元官房長官の河村建夫《かわむらたけお》は機密費を月に一億円ほど支出し、使い道は「大きな額は麻生太郎首相に相談をしていた。指示があるときもあった」と証言。また、在任中に「陣中見舞いとして持って行くことがあった」と語り、選挙向けに支出していたことを明らかにした。

国民のカネが特定の集団（自民党）の選挙に流れていたということは、これまでの選挙結果の正当性も疑われる。日本はすでに法治国家ではない。

第五章

バカ六〇連発

「適菜はバカという言葉を多用していて品がない」と言う人がいる。私だってできることなら「バカ」という言葉は使いたくない。実際、新しい本を出すときには、タイトルに「バカ」という文字をなるべく入れないように出版社にお願いしている。そもそも私は気が弱いので、人に対して「バカ」と言う勇気はない。

にもかかわらず、「バカ」という言葉以外に適切な言葉が見つからないときもある。だから、「バカ」には「バカ」と言うしかない。

本章では、「バカ」という言葉以外に表現できないような自民党議員を扱った。

なお、あまりにも量が多いので、とくに目立った事例を取り上げ、愚か者系、犯罪・暴力系、国賊系、カルト系、シンプルなバカに分類した。

＊愚か者系

桜田義孝（さくらだ・よしたか）

サイバーセキュリティ担当閣僚（二〇一八年一〇月～一九年四月）。サイバー攻撃の拡大が世界的な問題になる中、パソコンを使ったことがないことが判明。USBメモリに関しては「使う場合は穴に入れるらしいんですけど、細かいことは、私よく分かりません」と発言。「触ったことはある」と反論したが、本当にパソコンを触っただけだったらしい。素晴らしすぎる。

宮沢洋一（みやざわ・よういち）

二〇一四（平成二六）年、自身の資金管理団体が二〇一〇年に広島市内のSMバーに政治活動費を支出していたことが発覚。宮沢は「私はそういう趣味はない」と弁明したが、野党から吊るし上げられたというオチ。また、外国人株主が過半数を占めるパチンコ屋から政治献金を受け取っていた。

谷川弥一（たにがわ・やいち）

二〇一六年一一月三〇日、カジノ法案の質疑中に、急に般若心経《はんにゃしんぎょう》を唱えはじめ、その教えを延々と解説し始めた。「『般若波羅蜜多《はんにゃはらみった》』は『般若』は知恵、『蜜多』は行く、『波羅』が彼岸《ひがん》、『幸せになるための道』ということなんです。『どうしたら幸せになるの？』といったら『無念無想で生き抜け』ということなんです」。地獄に落ちるよ。

金田勝年（かねだ・かつとし）

共謀罪を巡り、「詳細については成案を得てから答弁する」などと支離滅裂な発言を繰り返した。一番しびれたのが二〇一七年二月八日の発言。「ちょっと、私の頭脳というんでしょうか、対応できなくて申し訳ありません」。コントを超えている。

島尻安伊子（しまじり・あいこ）

沖縄北方対策担当相（二〇一五年一〇月～一六年八月）。元島民による「千島歯舞諸島居住者連盟《ちしまはぼまい》」の団体名が読めず、「元島民の皆さまでつくる、千島ハボ……えー、何だっけ……」と、言葉を詰まらせた。北方対策担当相が歯舞を読むことができない国。

今井絵理子（いまい・えりこ）

二〇一六年七月、初当選後に出身地・沖縄の米軍基地問題について質問され、「わからない」「これから勉強します」と返答。選挙中には「選挙に忙しいので政策の話をしている暇はありません」。不倫騒動の際、ホテルから出てくる動画をアップされると、「一線は越えていません」。自民党は最後の一線を越えた。

三原じゅん子（みはら・じゅんこ）

二〇一九（令和元）年六月二四日、安倍に対する問責決議案が提出されると、「尻ぬぐいをしてきた安倍総理に感謝こそすれ、問責決議案を提出するなど、まったくの常識外れ。愚か者の所業とのそしりはまぬがれません」「恥を知りなさい」「こんな常識外れの問責決議案の試みは、完膚《かんぷ》なきまでに打ち砕かないといけない」と怒声をあげ、公の場所で尊師への絶対的帰依《きえ》を誓った。

二〇二〇年三月一四日にはツイッターで民放各局に苦言。安倍が新型コロナウイルスの感染対策について会見を開いた直後、《この緊急事態での会見にも関わらず民放ではスルー?》《連日ワイドショーで専門家という肩書きの方の言葉を伝えるより、総理のお言葉をつたえるべきでは?》

要するにカルト。「お言葉」は同じ組織の人間が使う言葉ではない。

三原は「八紘一宇《はっこういちう》」は「日本が建国以来、大切にしてきた価値観である」などとも言っていたが、これも尊師に阿《おもね》るためか。

SNSに三原は「元ヤンキー」という趣旨の投稿があった。私も最初は「あれは芸風だろ」と思っていたが、実際に暴力事件で警視庁目白《めじろ》署に現行犯逮捕されている（起訴猶予）。

朝日健太郎（あさひ・けんたろう）

元バレーボール選手。二〇一六年七月、自民党の改憲問題について質問されると、「新人なんで党の方針に従うだけです」と返答。挙手要員の鑑《かがみ》。

礒崎陽輔（いそざき・ようすけ）

元総務官僚で参院議員。安倍晋三の下で内閣総理大臣補佐官などを務めた。二〇一五年、礒崎は安保法案に関し「法的安定性は関係ない」と口を滑らせている。この時点でわが国は法治国家としての「建前」すら放り投げた。安倍政権がやったことは、国家と法に対する挑戦だった。

山田太郎（やまだ・たろう）

二〇二三年一〇月、買春疑惑報道を受けて文科政務官を辞職。山田は不貞行為を認めたが、性行為の対価として現金を支払ったことは認めなかった。

神田憲次（かんだ・けんじ）

二〇一三～二二年に固定資産税を滞納し、自身が代表取締役を務める会社保有の土地・建物が計四回も差し押さえを受けていた。財務副大臣を辞任。

馳浩（はせ・ひろし）

二〇一三年に招致が決まった東京五輪を巡り、講演で開催都市決定の投票権を持つ国際オリンピック委員会（ＩＯＣ）の委員約一〇〇人に対し、内閣官房報償費（機密費）で贈答品を渡したという趣旨の発言をした。また、当時首相だった安倍から「五輪招致は必ず勝ち取れ」「カネはいくらでも出す」「官房機密費もあるから」と告げられたと、黒幕の名前を漏らしてしまう。うっかりにもほどがある。買い物しようと街まで出かけたが財布を忘れたサザエさんレベル。

――山本幸三（やまもと・こうぞう）

地方創生担当相（二〇一六年八月～一七年八月）。同党議員のアフリカ支援活動に関し、「何であんな黒いのが好きなんだ」と発言。

＊犯罪・暴力系

――義家弘介（よしいえ・ひろゆき）

加計問題をごまかそうとして大ハッスル。二〇一七年五月、国会で書類を読みながら、「もっぱら自己の職務の遂行のビンセンのため」「あるいは職員が自己の職務のビンセンのために使用する正式文書」と繰り返していたが、なんの話かと思ったら、「便宜」を「ビンセン」と読んでいた。義家は国会で、「出自」を「デジ」と読んだこともある。これが元高校教師。少年時代には家庭内暴力を繰り返し、父親を殴って病院送りにしている。姉や弟を殴り蹴り、義母を階段から突き落とした。高校二年生のときには担任教師の頭に火をつけた。塾講師を経て、北星《ほくせい》学園の教師となったが、いじめ対策指導として、教室の備品が変形するほどの体罰を生徒に加えたという。

カネにも汚い。代表を務める「自民党神奈川県第一六選挙区支部」は派閥からキックバックを受けていた。

高木毅（たかぎ・つよし）

自民党国対委員長（二〇二一〜二三年）。元泥棒。報道によれば高木は単に出来心でパンツを盗んだのではない。合鍵をつくって女性宅に忍び込み下着を物色中、警察に踏み込まれたのだ。目撃者によると、その際、白い手袋をつけていたという。要するにプロの仕事。高木は長年にわたり「事実無根」の一点張りで逃げ続けたが、自民党福井県連会長の山本拓《やまもとたく》が「県連の調査の結果」として、高木が女性の住居に侵入し逮捕されていたと発表。なお、高木が事件を起こしたのは三〇を過ぎてから。若気の至りなどではない。

豊田真由子（とよた・まゆこ）

秘書に罵声を浴びせた上、暴行。殴る蹴るハンガーで叩くといった暴行は断続的に行なわれ、秘書には「顔面打撲傷」「左上腕挫傷」等の診断書が出されたとのこと（「週刊新潮」二〇一七年六月二九日号）。「鉄パイプでお前の頭を砕いてやろうか！」「お前の娘にも危害が及ぶ」と告げられた秘書は、翌日から豊田の発言を録音。「この、ハゲーーーーっ！」「うん、死ねば？ 生きてる価値ないだろ、もうお前とか」。豊田は全国のハゲを敵にまわしたようだ。

野田聖子（のだ・せいこ）

夫の野田文信《ふみのぶ》氏が、過去に暴力団組員だったと報じた「週刊文春」の記事は事実無根で名誉を傷つけられたとして、発行元の文藝春秋に損害賠償を求めた件。東京高等裁判所は報道を「真実である」とする判決を下した。藪蛇《やぶへび》。「私は夫を信じている。身に覚えのないことを面白おかしくやられた」と発言していた聖子は、判決に対する見解を求められると「訴訟の当事者ではないので、回答する立場にありません」だって。ずさんだねえ。

田畑毅（たばた・つよし）

「週刊新潮」によると、二〇一八年一二月二四日、交際相手の女性を酒に酔わせたうえ、彼女が自宅マンションで眠っているうちに乱暴したとのこと。被害女性の証言によれば、田畑はその行為の一部始終を「撮影」までしていたという。田畑のスマホには二〇〇以上の盗撮動画や画像が保存されており、中には別の女性の動画もあった。

吉川赳（よしかわ・たける）

二〇二二年六月、一八歳の女子学生に酒を飲ませ、四万円を渡してホテルに連れていったことが報じられた。「ＮＥＷＳポストセブン」によると、女子学生は「ルームサービスでお酒を頼んだあと、すぐに吉川さんにベッドで服を脱がされて……。私、経験がなかったから、怖くて過呼吸になってしまい。経験がないからと何度も拒否をしたら、『胸を見せて』と言われて、吉川さんは私を見て自慰行為を始めて……」と述べている。国民に対する嫌がらせか。

大西英男（おおにし・ひでお）

推薦文を捏造。大西のサイトには「元総合格闘家　須藤元気」の推薦文として、《私は大西先輩が大好きです。元気で何事にも前向きな大西先輩に会うと、私も勇気が湧いてきます。私は格闘家として、世界一を目指し、大西先輩には政治の世界で日本一になって欲しいですね！》とあった（現在は削除）。しかし、須藤によれば《何かのパーティーで一度お会いした記憶はありますが、お話すらほとんどしていません。政治家の倫理観はどうなっているんでしょうか？》（二〇一七年五月二四日の本人のツイッター）とのこと。すごすぎる。

橋本聖子（はしもと・せいこ）

五輪担当相（二〇一九年九月～二一年二月）。フィギュアスケートの高橋大輔《たかはしだいすけ》に無理やりキスしたセクハラ・パワハラ野郎。当時、橋本はキスについて、「頑張った息子に、ママのところに来なさい、という思い」と釈明。ゲロが出そう。

鶴保庸介（つるほ・ようすけ）

二〇一六年七月二日、制限速度を四〇キロ超える暴走運転で書類送検。

秋本真利（あきもと・まさとし）

二〇二三年九月七日、政府が導入拡大を目指していた洋上風力発電を巡り、事業への参入を目指す風力発電会社の元社長から、会社が有利になるような国会質問をするよう依頼を受け、その見返りに七二〇〇万円にのぼる借り入れや資金提供を受けた疑いがあるとして、東京地検特捜部は受託収賄の疑いで逮捕。多額のカネは競走馬の購入などに使われていた。

松島みどり（まつしま・みどり）

地元の祭りで配った松島の似顔絵や名前入りの「うちわ」について、二〇一四年一〇月の国会で「公職選挙法が寄付を禁じる物品に当たる」と批判されると、「うちわと解釈されるならば、うちわとしての使い方もできる」「うちわのような形をしているが、討議資料だ」と反論。法律を都合よく解釈するなと批判されると、思わず「このうちわは……」と漏らしてしまった。

また、国会に赤いストールを着用して出席したことが規則に違反しているのではないかと指摘されると、「あれはストールでなく、薄いシルクのスカーフだ」。

法務省に初登庁したときには、出迎えの職員の数が少ないと激怒し、議員会館に引き返してしまった。セダンタイプの大臣車が気に入らないと、ワンボックス車に変更させたり、書類の文字が小さいと騒いだり、やりたい放題。墨田《すみだ》区に自宅マンションがあるのに、大臣就任後に赤坂《あかさか》の議員宿舎に特例で入居。なお、松島は過去に議員宿舎の存在を批判していた。

国光文乃（くにみつ・あやの）

衆院選期間中の二〇二一年一〇月二六日に茨城県内で行なわれた岸田の応援演説を巡り、任意団体「茨城県運輸政策研究会」が、会員に日当五〇〇〇円を提示して動員を呼び掛け、二一人へ支払っていたことが発覚。安倍の応援演説の際もサクラにカネが流れていたが、こうした不正は常態化していた。市民団体はこれらの行為が買収に当たるとして国光を東京地検特捜部に刑事告発。「桜を見る会」ならぬ「サクラが見る会」と言っていた人がいたが、うまいことを言うね。

加藤鮎子（かとう・あゆこ）

こども政策相（二〇二三年九月〜）。代表を務める資金管理団体が実母に家賃名目で計一四四〇万円を支払っていた。

柿沢未途（かきざわ・みと）

二〇二三年に行なわれた東京・江東《こうとう》区長選を巡り、木村弥生《きむらやよい》陣営が選挙期間中に投票を呼びかける有料のネット広告を流していたことが発覚。この広告の利用を勧めていたのが法務副大臣の柿沢だった。同年一二月二八日、東京地検特捜部は公職選挙法違反容疑で逮捕。また、計約二八〇万円を区議や運動員に渡していた件でも逮捕した。

丸川珠代（まるかわ・たまよ）

二〇二四年一月、裏金の不記載が発覚。「派閥からノルマ超過分は持ってこなくていいと言われた。資金は（自分の）口座で管理していた」「派閥から一時的にお預かりしているカネで、一切使ってこなかった」と発言。アホすぎ。着服したカネを「まだ使っていない」と説明して通るとでも思ってるのか？

池田佳隆（いけだ・よしたか）

安倍派所属の池田と政策秘書の柿沼和宏《かきぬまかずひろ》が、派閥からキックバックを受けたにもかかわらず、収支報告書に収入として記載せず、嘘の記入をした件で二〇二四年一月七日に逮捕された。池田の事務所では、家宅捜索を受ける前にデータを保存する記録媒体が壊されていた。池田は逮捕前に逃げ回ったり、雲隠れしていたが、わざわざ検察を怒らせるって、何をしたかったのか？

＊国賊系

佐藤正久（さとう・まさひさ）

二〇二二年四月二六日、ウクライナ外務省が投稿した支援国への感謝ビデオに日本が入っていなかったことに対し、《これはダメだ。現地の日本大使館を通じてウクライナ外務省に申し入れ中。今朝の自民党部会でも問題になった》とツイート。感謝されなかったことに文句を言う。恥という言葉を知らないのか。

丸山和也（まるやま・かずや）

二〇一六年二月一七日、国会で「たとえば、日本が米国の五一番目の州になるということに憲法上どんな問題があるのか、ないのか」「そうすると、集団的自衛権や安全保障条約はまったく問題にならない」「『日本州』の出身が米国の大統領になる可能性が出てくるということ。世界の中心で行動できる日本になりうる」と発言。

今村雅弘（いまむら・まさひろ）

二〇一七年四月二五日、東日本大震災について「これはまだ東北で、あっちのほうだったからよかった。もっと首都圏に近かったりすると、莫大な甚大な被害があったと思う」と発言。これが復興相だった。

河村建夫（かわむら・たけお）

二〇二一年七月三一日、「(東京) 五輪で日本選手が頑張っていることは、われわれにとっても大きな力になる」「五輪がなかったら、国民の皆さんの不満はどんどんわれわれ政権が相手となる。厳しい選挙を戦わないといけなくなる」と発言。五輪憲章で禁止されている政治利用そのものである。

久間章生（きゅうま・ふみお）

防衛大臣（二〇〇七年一月〜七月）。二〇〇七年六月三〇日、講演で「原爆が落とされて長崎は本当に無数の人が悲惨な目に遭ったが、あれで戦争が終わったんだという、頭の整理で今、しょうがないなというふうに思っている」と発言。

赤池誠章（あかいけ・まさあき）

文科省と東宝《とうほう》がタイアップして制作したアニメ映画『ちびまる子ちゃん　イタリアから来た少年』のキャッチコピー「友達に国境はな〜い！」に難癖をつけ、ブログで《国際社会とは国家間の国益を巡る戦いの場であり、地球市民、世界市民のコスモポリタンでは通用しない》《（文科省の担当課に）猛省を促した》と述べていた（二〇一五年一一月三日）。「地球市民賞」を嬉々として受け取り、ウォール街の証券取引所で「もはや国境や国籍にこだわる時代は過ぎ去りました」と言った安倍に文句言えよ。

二階俊博（にかい・としひろ）

二〇一九年一〇月、台風一九号の豪雨により、宮城や長野、福島など七県で河川が決壊。多数の死者・行方不明者を出したが、二階は「まずまずに収まったという感じだ」と発言。詳しい状況がわからず、被害が拡大している中での暴言に国民や野党から批判が相次いだ。その後、二階は「日本がひっくり返るような災害に比べれば、そういうことだ」と釈明。

広島の買収事件で罪に問われた元法相の河井克行については「党もこうしたことを他山《たざん》の石《いし》としてしっかり対応していかなくてはならない」。他山の石？　二階は安倍と同様、黒幕の一人である。

竹下亘（たけした・わたる）

二〇一六年一一月八日、博多《はかた》駅前の大規模陥没事故について、「朝、国対で『井上《いのうえ》が歩いたんじゃないか』という話になった」と発言。井上貴博《たかひろ》という大柄の議員が歩いたからではないかと、死傷者が出てもおかしくない大事故を茶化したわけで危機管理意識がゼロ。

＊カルト系

北村経夫（きたむら・つねお）

ＵＰＦ（天宙平和連合）が主催するイベントに出席し、壇上で挨拶。この件を批判されると統一教会の「関連団体とは知らなかった」と発言。北村は産経新聞の元記者である。複数の記者クラブでキャップを務め、政治部長や論説委員を歴任している。ＵＰＦを知らないということはありえない。要するに嘘つき。

高村正彦（こうむら・まさひこ）

自民党副総裁（二〇一二〜一八年）。統一教会の元顧問弁護士で、憲法改正実現本部最高顧問でもある。二〇一六年三月一一日、民主党と維新の党がネットで新党の名称を募集したことに関し、「党名を世論調査で決めるというのはザ・ポピュリズム。選挙互助会にふさわしい決め方だ」と批判。しかし、自民党も「広く党内外に公募」（自民党発行の党史）した党名だった。

猪口邦子（いのぐち・くにこ）

統一教会の関連団体「世界平和女性連合」の会合に複数回出席。講演をしたこともあった。また、同団体の関連月刊誌で対談。二〇二二年八月には、「私は（関連団体だと）知らなかった」と説明していたが、三浦瑠麗《みうらるり》のような「自称」ではあるまいし、国際政治学者が知らないわけがない。

斎藤洋明（さいとう・ひろあき）

二〇二一年の衆院選の前に、統一教会の関連団体から推薦を持ちかけられ、「一種の政策協定」を結んだと証言。斎藤曰《いわ》く、「例えば憲法改正の積極的な検討ですとか、同性婚であったりLGBTQ等の制度化に慎重であるべきだというような、そういう内容が盛り込まれていました」。斎藤はこの文書に署名し、選挙では教団から電話かけなどの支援を受けていた。

山際大志郎（やまぎわ・だいしろう）

統一教会との深い関係を示す証拠が次々と出てきてもデタラメな釈明を続けた。統一教会関連のイベントには数多く出席。二〇一八年七月一日、「日本宣教六〇周年記念二〇一八神日本家庭連合希望前進決意二万名大会祝勝会」の映像にも映り込んでいた。韓鶴子と面会していたことも発覚。

下村博文（しもむら・はくぶん）

統一教会が正体隠しのために、団体の名称を「世界平和統一家庭連合」に変更したのは二〇一五年。下村は当時の文科相だった。統一教会が名称変更を求めて文化庁を訪れたのは一九九七年頃。以来、約一五年にわたるロビー活動でも実現しなかったが、第二次安倍政権発足後わずか三年であっさりと実現する。二〇一三年から二〇一四年にかけ、統一教会関係の世界日報社の日刊紙や月刊誌には下村のインタビュー記事が掲載されている。二〇一六年には下村が代表を務める政党支部が、世界日報社の社長名義で献金六万円を受けていたことも判明。

名称変更の経緯を知るため野党が文化庁に情報開示請求をしたところ、出てきたのは肝心な部分が黒塗りになった資料ばかり。「規則変更理由」の欄は黒塗り。教団側が提出した、変更に至る背景や事情説明が書かれたと思われる文書は全文が黒塗りになっていた。

山本朋広（やまもと・ともひろ）

二〇一七年五月一四日、統一教会のイベント「孝情文化フェスティバル in TOKYO」で、「本当に皆様には我々自民党に対して大変大きなお力をいただいていますことを改めて感謝を申し上げたいと思います。おかげ様で安倍政権も五年目を迎えまして『長期安定政権』、そのように評価をいただいているところでございます」「本日は母の日ということで、マザームーンに先ほど、カーネーションの花束をプレゼントさせていただきました」「私の母は私にとっての母でしかありませんが、マザームーンは、皆様にとっての母であります」。マザームーンとは教団内で韓鶴子を指す、最大限の敬意を込めた呼称である。

山谷えり子（やまたに・えりこ）

山本は下村博文の文科相時代に政務官として仕えていた。

統一教会は山谷と安倍を教団の大願成就に欠かせないキーパーソンと位置づけてきた。元参院議員でジャーナリストの有田芳生は、教団の内部文書を公開。勝共連合が二〇一〇年の参院選で山谷を全面支援する旨を統一教会の信者に向けて出したものと見られる。以下、一部抜粋する。

《山谷えり子先生の必勝のためにご尽力をお願いいたします。山谷先生、安倍先生なくして私たちの「み旨」は成就できません。日本会議も今回は票が割れるようです。「山谷えり子」と二枚目の投票用紙に記入することを何度も何度も徹底して下さい（中略）全国足並み統一行動になります》

第四章で紹介した全国弁連の山口広弁護士は、山谷が二〇〇三年の衆院選で統一教会の組織的支援を受けていたと指摘。「過度の性教育に反対」「家庭の再建」など選対で渡されたアナウンスマニュアルは、統一教会で普段言われている内容とそっくりとのこと。

細田博之（ほそだ・ひろゆき）

二〇一九年一〇月、ＵＰＦの国際会議で「韓鶴子総裁の提唱によって実現したこの国際指導者会議の場は、大変意義が深いわけでございます。安倍総理に早速ご報告したいと考えております」と発言。教団の関連団体の会合には八回出席していた。

福田達夫（ふくだ・たつお）

二〇二二年七月二九日、自民党の総務会長だった福田は、統一教会と自民党の関係について「ぼく自身が個人的にまったく関係がないので、なんでこんなに騒いでるのか、正直よくわからない」と発言。祖父の赳夫は統一教会の晩餐会で、「アジアに偉大なる指導者現る。その名は文鮮明ということであります」「今日は文先生から『お前らは神の子である』という激励を受けましまして、少し何かえらくなったような感じもいたします」とスピーチしていた人物である。

岸信夫（きし・のぶお）

防衛大臣（二〇二〇年九月〜二二年八月）。安倍の弟。統一教会とのつながりを指摘されると、「統一教会に手伝ってもらったというよりは、メンバーの方にお力をいただいたということだ」と発言。「私は、幅広く募っているという認識だった。募集しているという認識ではなかった」と言い放った安倍を彷彿《ほうふつ》させるバカ。

井上義行（いのうえ・よしゆき）

第一次安倍政権の首相秘書官（二〇〇六年九月～〇七年九月）で、統一教会の全面支援を受けていた。統一教会の集会では教団幹部が「井上先生はもうすでに信徒となりました」と紹介。井上は統一教会の「賛同会員」だった。

伊達忠一（だて・ちゅういち）

参院議長（二〇一六年八月～一九年七月）。安倍の地元事務所には統一教会関係者が出入りしており、安倍は統一教会票の割り振りにも手を染めていた。伊達は「安倍さんに『統一教会に頼んでちょっと（票が）足りないんだウチが』と言ったら『わかりました、そしたらちょっと頼んでアレ（支援）しましょう』ということで」と自身に近い議員のために統一教会の組織票を回してもらうよう安倍に依頼したと証言（「北海道テレビ放送」二〇二二年七月二八日）。

生稲晃子（いくいな・あきこ）

元テレビタレント。安倍派。生稲の擁立を進めたのが萩生田。参議院選挙公示直前の二〇二二年六月一八日には、萩生田と共に統一教会の関連施設を訪問。支持を要請したとみられるが、その後、生稲は党本部で記者団の取材に応じ、訪問先が統一教会の施設とは知らなかったと強弁した。

なお、教団施設の玄関の横の壁には「世界平和統一家庭連合 八王子家庭教会」と記されている。

*シンプルなバカ

渡辺喜美（わたなべ・よしみ）

第一次安倍政権の行政改革・規制改革担当大臣（二〇〇六年一二月〜〇七年九月）。カネ

に汚いことで有名。サラ金業者の団体や道路特定財源関連の団体から献金を受けたり、商品先物取引会社などからダミー団体を通して、迂回献金を受けていた。父親の秘書時代にはリクルートの未公開株を受け取っていた。二〇〇九年に「みんなの党」を結成。化粧品大手ＤＨＣの吉田嘉明《よしだよしあき》会長から資金提供を受けていたが、「みんなの党」は迷走。怒った吉田が、振り込んだ八億円について問いただしたところ、渡辺は吉田の自宅にいきなり現れ、土下座したという。何に使ったかと問い詰められた渡辺は、「酉《とり》の市《いち》で熊手を買った」と釈明。

野中広務（のなか・ひろむ）

官房長官（一九九八年七月〜九九年一〇月）。二〇一〇年四月三〇日、官房機密費を使って政治評論家やジャーナリストにカネを配っていたことを暴露。自民党は組織的に買収を行ない、世の中にプロパガンダを垂れ流してきた。その結果が今の日本の惨状である。

西田昌司（にしだ・しょうじ）

安倍の腰巾着《こしぎんちゃく》。国会で森友問題について質問に立つことが決まると、安倍から電話がかかってきたという。「西田さんは大阪問題でやりたいだろうけど、それを頼んだのが安倍だと言われたら、何にもならないからさ」。西田は大阪府の小学校設置認可を巡る規緩和の問題について質問するつもりだったが、維新の会に近い安倍の立場を考え、安倍の言う通りに、約八億円の値引きの正当性を主張する官僚答弁を引き出し、「森友事件の報道はフェイクニュースだ」と訴えたとのこと。西田は「総理が直接電話してくるのは異常やねん」など言っていたが、安倍に忖度して、報道を「フェイク」と言い切るほうが異常やねん。

二〇二四年一月一九日、西田は安倍派が解散する方針を決めたことについて、「安倍さんの名前を汚しているわけで、非常に情けないし、申し訳ない」とも語っていた。安倍の名前など、最初から汚れている。

菅原一秀（すがわら・いっしゅう）

党会合で「（蓮舫《れんほう》は）五輪に反対で、『日本人に帰化をしたことが悔しくて悲しくて泣いた』と自らのブログに書いている。そのような方を選ぶ都民はいない」と発言。朝日新聞の取材に対し、菅原は「蓮舫氏のブログではなく、ネットで流れていた情報だった」と訂正したが、ネット上のデマを真に受ける救いようのないバカ。

松川るい（まつかわ・るい）

二〇二三年七月、自民党女性局がフランス研修中に撮影した写真をSNSに投稿し、批判を浴び女性局長を辞任。エッフェル塔前でポーズをとる写真には「世間の感覚とズレすぎ」「観光旅行」との批判が集まった。この研修には今井絵理子も参加。党内でも四面楚歌《しめんそか》になった。今井を連れて離党して、新党でも作ればいい。党名は「エッフェル党」。

麻生太郎（あそう・たろう）

財務大臣なのに証券取引の前場を「まえば」と読んだことはすでに紹介したが、簡単な漢字を読むことができない。【踏襲】ふしゅう、【詳細】ようさい、【頻繁】はんざつ、【未曽有】みぞうゆう、【措置】しょち、【物見遊山】ものみゆうざん、【思惑】しわく、【怪我】かいが、【完遂】かんつい、【焦眉】しゅうび、【順風満帆】じゅんぷうまんぽ、【低迷】ていまい、【破綻】はじょう、【有無】ゆうむ、【三種の神器】さんしゅのしんぎ……。にわかには信じがたいが、これでは【市井】を「しい」、【云々】を「でんでん」、

【背後】を「せご」と読んだ安倍レベル。

菅義偉（すが・よしひで）

菅も日本語が大の苦手だった。【改定】かいせい、【貧困対策】ひんこんせたい、【被災者】ひがいしゃ、【伊方原発】いよくげんぱつ、【枚方市】まいかたし……。二〇二〇年一〇月一九日、菅はベトナムでスピーチ。「ASEANの皆さん」を「アルゼンチンの皆さん」と原稿を読み間違え、「カバレッジ」を「カレッジ」と勝手に脳内変換した。揚げ足を取りたいのではない。誰でも読み違えることはある。しかし、菅の場合、自分の発言の内容を理解していないのだ。文脈を考えれば、ASEANと「アルゼンチン」を間違えようがない。

薗浦健太郎（そのうら・けんたろう）

関連政治団体が政治資金パーティーの収入を約四〇〇〇万円少なく記載していた疑惑が発生。当初、過少記載の「認識はなかった」と説明し、事前に報告を受けたり、指示したりしたことはないとしていたが、公設第一秘書に、通帳に記載された収支のメモ書きを消去するよう求めていた。秘書はその際のやり取りを録音し東京地検特捜部に提出。秘書も責任を押し付けられたらたまったものではない。薗浦は政治資金規正法違反（虚偽記載など）の罪で略式起訴され、二〇二三年一月には東京簡裁が出した罰金一〇〇万円、公民権停止三年の略式命令が確定した。

葉梨康弘（はなし・やすひろ）

法務大臣（二〇二二年八月～一一月）。自民党議員が出席する会合で「朝、死刑のはんこを押し、昼のニュースのトップになるのはそういう時だけという地味な役職」などと自らの職務について発言。これに対し「職務を軽視している」「話《ハナシ》にならない」などと批判が殺到。

政治に関する真面目な本の最後の最後にふさわしい話かどうかは疑問だが、私が好きな小噺がある。ある中年男性が郷里に帰ると、彼の父親がいつの間にかオフコースのファンになっていた。父親いわく「小田和正《おだかずまさ》のすごくいい曲がある。なんていう曲名だったかな。そうだ。『話にならない』だ！」。

それを言うなら、「言葉にできない」である。

おわりに　それでもやっぱり自民党？

ここまでお読みになれば、自民党が日本の敵であることがおわかりになると思う。

二〇二四年四月二八日、衆院島根一区補欠選挙が行なわれた。これに関する報道を見ていたら、自民党の裏金問題に関し、街頭インタビューで「それでもやっぱり島根には自民党？」と聞かれた老人が、「島根とは言わないけど私はそうです」と答えていた。

自民党の底力はここにある。

組織的に犯罪をおかしても「それでもやっぱり自民党」。

反日カルトとつながっていても「それでもやっぱり自民党」。

北方領土をむしり取られても「それでもやっぱり自民党」。

社会を破壊しても「それでもやっぱり自民党」。

国民のカネを勝手に選挙に流用しても「それでもやっぱり自民党」。

自民党という異常な組織が、生き延びてきた理由がよくわかる。

仏教の宗派ではあるまいし「うちは代々自民党支持だからね」と思考停止した連中が悪党を暴走させたのである。

これは自民党のプロパガンダによるものだけではない。支持者は単に騙されたのではなく、騙されたかったのだ。〝精神の奴隷〟は嘘でもいいから「温かい世界」を提示してくれる勢力にしがみつくのである。

自民党がいくら国や社会を破壊しても、「そうは言っても、新聞やテレビは自民党は保守だと言っとるで」「そうは言っても、野党もだらしないからなあ」……。結局この繰り返し。

支持率二〇パーセント以下の政権が、国会も通さずにどさくさにまぎれて閣議決定を連発。もうカオス。バカがバカを支持するから、バカな国になる。

岸田は「先送りできない課題に専念しなければならない。これに尽きる」と発言していたが、先送りできないのは自民党の解体である。

適菜 収

■参考文献

『安倍晋三の正体』（適菜収、祥伝社新書）
『ニッポンを蝕む全体主義』（適菜収、祥伝社新書）
『コロナと無責任な人たち』（適菜収、祥伝社新書）
『小林秀雄の警告 近代はなぜ暴走したのか？』（適菜収、講談社＋α新書）
『ミシマの警告 保守を偽装するB層の害毒』（適菜収、講談社＋α新書）
『日本をダメにした新B層の研究』（適菜収、ベストセラーズ）
『国賊論　安倍晋三と仲間たち』（適菜収、ベストセラーズ）
『もう、きみには頼まない　安倍晋三への退場勧告』（適菜収、ベストセラーズ）
『問題は右でも左でもなく下である』（適菜収、ベストセラーズ）
『安倍でもわかる政治思想入門』（適菜収、ベストセラーズ）
『安倍でもわかる保守思想入門』（適菜収、ベストセラーズ）
『ナショナリズムを理解できないバカ 日本は自立を放棄した』（適菜収、小学館）
『平成を愚民の時代にした30人のバカ』（適菜収、宝島社）

適菜 収　てきな・おさむ

1975年、山梨県生まれ。作家。ニーチェの代表作『アンチクリスト』を現代語訳した『キリスト教は邪教です！』『小林秀雄の警告 近代はなぜ暴走したのか？』『日本をダメにしたＢ層の研究』（以上、講談社）、『日本人は豚になる 三島由紀夫の予言』『日本をダメにした新Ｂ層の研究』（ともにベストセラーズ）ほか、祥伝社新書に『コロナと無責任な人たち』『100冊の自己啓発書より「徒然草」を読め！』『ニッポンを蝕む全体主義』『古典と歩く大人の京都』『安倍晋三の正体』など著書は50冊以上。

自民党《じみんとう》の大罪《たいざい》

適菜《てきな》 収《おさむ》

2024年 8 月10日　初版第 1 刷発行
2024年 9 月10日　　　第 2 刷発行

発行者……………辻 浩明
発行所……………祥伝社しょうでんしゃ
〒101-8701　東京都千代田区神田神保町3-3
電話　03(3265)2081(販売)
電話　03(3265)2310(編集)
電話　03(3265)3622(製作)
ホームページ　www.shodensha.co.jp

装丁者……………盛川和洋
印刷所……………萩原印刷
製本所……………ナショナル製本

Printed in Japan　ISBN978-4-396-11702-3　C0295

〈祥伝社新書〉
適菜収の本

628
コロナと無責任な人たち
コロナ禍であらわになった、知性なき国家の惨状を白日の下に晒す
作家 適菜 収

640
100冊の自己啓発書より「徒然草」を読め！
『徒然草』は過激な思想書だった。「見識」が身につく新しい読み方
適菜 収

656
ニッポンを蝕む全体主義
全体主義に対峙すべき「保守」が根付かなかった日本の危機的状況
適菜 収

677
古典と歩く大人の京都
『源氏物語』『徒然草』『平家物語』などの古典とゆかりの京都をたどる
適菜 収

682
安倍晋三の正体
検証可能な事実を基に安倍晋三の本質を暴く！
適菜 収